EURO HYPO

5 YEARS

OF PASSION
FOR SOLUTIONS

INHALT

»ZUKUNFT BRAUCHT HERKUNFT«

In erstaunlich kurzer Zeit ist die Eurohypo zu einer festen Größe am Finanzplatz Frankfurt geworden – und nicht nur dort. Immerhin ist das Institut, das 2002 aus dem Zusammenschluss der Hypothekenbank-Töchter der Deutschen Bank, Dresdner Bank und Commerzbank hervorgegangen ist, Europas führende Spezialbank für Immobilien und Staatsfinanzierung mit einer Bilanzsumme von rund 220 Mrd. €!

Dennoch haben selbst Beobachter und Akteure, die professionell mit dem Thema Finanzierung zu tun haben, nicht immer eine ganz klare Vorstellung vom spezifischen Profil unseres Unternehmens. Das hat sicherlich auch damit zu tun, dass die früheren Hypothekenbanken generell nicht im Fokus des Interesses, sondern eher im Schatten der Universalbanken standen. Ihr Geschäft, nämlich die Immobilien- und Staatsfinanzierung sowie die Emission von Pfandbriefen zur Refinanzierung, galt als eher langweilig, weil (scheinbar) ohne großes Innovations-, Entwicklungs- und Ertragspotenzial.

Die Erkenntnis, dass dieses Image längst nicht mehr der Wirklichkeit entspricht, hat sich langsam durchgesetzt. Die gesamte Branche hat in den letzten Jahren einen tiefgreifenden Strukturwandel erlebt und eine zum Teil bemerkenswerte Dynamik an den Tag gelegt. Der Aufstieg der Immobilien zur regulären »Asset-Klasse«, die Globalisierung des Geschäfts mit Immobilien und der Staatsfinanzierung, die Integration des Kapitalmarktes in die Wertschöpfung, das sind die wichtigen Wegmarken moderner Immobilien- und Staatsfinanzierer. Die Eurohypo hat als eine »Pionier-Bank« diesen Weg geebnet.

Es lohnt sich also, etwas näher hinzuschauen. Aus diesem Grund gibt es dieses Buch, mit dem wir ein nuanciertes, tiefenscharfes Bild unserer jungen und zugleich traditionsreichen Bank vermitteln wollen. Wir möchten mehr zeigen, als den Aufbau eines Unternehmens mit seinen Geschäftsfeldern, seiner Produktpalette und den Vorzügen, die es dem Kunden bietet.

Erreichen wollen wir diese Tiefenschärfe vor allem dadurch, dass wir die Eurohypo im umfassenden Kontext vorstellen: Im Kontext der Entwicklung der Märkte während der letzten fünf Jahre, in denen das Tempo der Veränderungen und die Größe der Herausforderungen spürbar zugenommen haben. Hierzu haben sich auch die Persön-

lichkeiten geäußert, die durch ihr Handeln den Weg der Bank mitgestalten konnten. Was tatsächlich in einem Unternehmen steckt an Dynamik und Potenzial, lässt sich keineswegs allein mit einem Blick in die Bilanz bestimmen. Genauso wichtig ist der Blick auf die Märkte, in denen sich ein Unternehmen behaupten und immer wieder neu erfinden muss.

Ebenso wichtig ist aber auch der historische Kontext. Die Aufmerksamkeit soll auf eine Bank gerichtet werden, die im Jahr 1862 gegründet wurde, in der sich deutsche Wirtschaftsgeschichte widerspiegelt, die durch ihr Tun tiefe Spuren in der deutschen Bankenlandschaft hinterlassen hat.

Zu den massiven Veränderungen der letzten Jahrzehnte gehört der immer höhere Wettbewerbsdruck gerade auch auf unserem zu engen Heimatmarkt. Dazu zählt gleichfalls die Tatsache, dass sich wohl kein Unternehmen mehr dem Zwang zur (optimalen) Größe und zur Nutzung aller Ressourcen im Sinne der »Economies of Scale« entziehen kann. Und schließlich schlagen die rasante Internationalisierung, der Zwang zu mehr Flexibilität und die wachsenden Ansprüche der Kunden kräftig zu Buche, die individuelle Beratung und passgenaue Lösungen aller Finanzierungsfragen erwarten.

Als Teil der Commerzbank-Gruppe ist die Eurohypo auf besondere Weise in der Lage, den Herausforderungen des Wettbewerbs zu begegnen. Sie verbindet die Flexibilität und Schnelligkeit eines global tätigen Spezialinstituts mit dem Potenzial einer der größten Geschäftsbanken Europas.

Die Eurohypo ist unsere Antwort auf den Wandel in der Bankenlandschaft. Mit mehr Profil, der weiteren Fokussierung auf Wachstumsmärkte und mit innovativen, ertragreichen Finanzdienstleistungsprodukten wollen wir die Chancen nutzen, die Wachstum und Ertrag versprechen.

Eschborn im August 2007
Der Vorstand

DIE EUROHYPO – EIN JUNGER CHAMPION MIT LANGER TRADITION

Die Eurohypo feiert ihr fünfjähriges Bestehen – hierzu spreche ich dem Vorstand und allen ihren Mitarbeiterinnen und Mitarbeitern die herzlichsten Glückwünsche aus. Die Eurohypo entstand im August 2002 durch den Zusammenschluss dreier renommierter, längst etablierter Hypothekenbanken: Deutsche Hyp, RHEINHYP und Eurohypo. Damit wird zugleich deutlich, dass die heutige Tochtergesellschaft der Commerzbank natürlich kein wirklich junges Unternehmen ist, denn die »neue« Eurohypo verkörpert mit ihren zahlreichen, bedeutenden Vorgängerinstituten rund 145 Jahre deutsche Hypothekenbank-Geschichte.

Diesen langen Weg haben die Commerzbank und ihre Vorläufer wiederum ein beträchtliches Stück begleitet. So gehörte unsere Frankfurter Wurzel, die Mitteldeutsche Creditbank, im Jahr 1862 zu den Mitgründern und Aktionären der Deutschen Hypothekenbank. Dieser Anteil ging 1929 auf die Commerzbank über. Darüber hinaus blickt die Commerzbank auf eine rund fünf Jahrzehnte dauernde und äußerst fruchtbare Verbindung mit der RHEINHYP Rheinischen Hypothekenbank zurück. Im Jahr 1960 wurde diese Beteiligung zu einem über 25 %igen Schachtelpaket ausgebaut. Als die Großbanken zu Beginn der siebziger Jahre im sogenannten »Hypothekenbank-Karussell« ihre Beteiligungen neu ordneten, erwarb die Commerzbank die qualifizierten Mehrheiten an der Rheinischen Hypothekenbank in Mannheim sowie der Westdeutschen Bodenkreditanstalt in Köln, der ältesten Hypothekenbank im Rheinland. Beide Tochtergesellschaften wurden 1974 zu einem Institut mit Sitz in Frankfurt am Main fusioniert – seinerzeit übrigens die größte Beteiligung der Commerzbank im Finanzbereich.

Nachdem die Großbanken ihre Hypothekenbank-Töchter in der Eurohypo gebündelt hatten, bot sich Ende 2005 für die Commerzbank die Gelegenheit, zusätzlich zu ihrer Beteiligung die Anteile der Deutschen Bank sowie der Allianz/Dresdner Bank zu erwerben. Die in zwei Schritten bis März 2006 abgeschlossene Übernahme hat eindrucksvoll unter Beweis gestellt, dass die Commerzbank bereit und auch in der Lage ist, die Konsolidierung des Bankensektors in Deutschland aktiv mitzugestalten.

Durch die Eurohypo-Transaktion sind wir das zweitgrößte deutsche Kreditinstitut und zugleich die führende Geschäftsbank in Deutschland geworden.

Dabei betrachten wir die Entscheidung für die Eurohypo keineswegs als eine Einbahnstraße. Beide Partner profitieren von der engen Zusammenarbeit, die eindeutig als eine »win-win-Situation« bezeichnet werden kann. Denn zum einen eröffnet sich der Commerzbank die Chance, ihre Ertragsbasis zu verbessern, stabilere Ergebnisse zu generieren und zusätzliche Kundengruppen anzusprechen; zum anderen kann die Eurohypo bei der Erschließung außereuropäischer Märkte, im Retail Geschäft sowie bei der Platzierung von Pfandbriefen auf die Strukturen und die Erfahrung einer nun 137-jährigen Universalbank zurückgreifen.

Es erfüllt mich mit großer Zufriedenheit, dass die Integration der Eurohypo in den Commerzbank-Konzern vorbildlich und einvernehmlich verlief. Unterstützt von einem gegenseitigen Personalaustausch auf mehreren Management-Positionen sind kompatible Strukturen in den Geschäftsfeldern Retail Kreditgeschäft, Commercial Real Estate sowie Public Finance und Treasury geschaffen worden. Auch hier haben wir bewiesen, dass für uns partnerschaftliche Kooperation höchste Priorität hat.

Auf unserem gemeinsamen Weg werden wir mit Tatkraft weitergehen. Ganz besonders freut mich, dass die von der Eurohypo gesponserte deutsche Handball-Nationalmannschaft 2007 Weltmeister wurde. Ich werte dies als ein gutes Zeichen für die Zukunft, dass die Eurohypo wie bislang als Champion auf dem Hypothekenbank-Sektor auftreten wird.

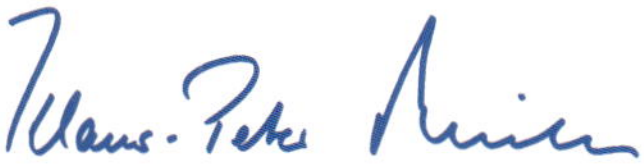

Klaus-Peter Müller
Vorsitzender des Aufsichtsrats Eurohypo AG

EUROHYPO – DIE ERSTEN FÜNF JAHRE

Am 13. August 2007 begeht die Eurohypo ihren 5. Geburtstag. Für die deutsche Bankengeschichte ist dieses Datum insofern bedeutsam, weil sie seit 1945 keine andere wirklich gelungene Bankenfusion aufweisen kann. Die erfolgreiche Zusammenführung von drei traditionsreichen Bankinstituten stand nicht unbedingt unter einem guten Stern. Zwei Versuche zu Großfusionen deutscher Banken (Dresdner Bank und Deutsche Bank einerseits, Commerzbank und Dresdner Bank andererseits) waren im Jahr 2000 mit lautem Begleitkonzert in einem Debakel geendet. Das Hypothekenbankgeschäft galt als »boring business«. Die Großbanken waren redlich bemüht, ihrer neuen gemeinsamen Tochter Unterstützung zu gewähren. Allerdings bekam diese quasi als Mitgift auch Alt-Portfolien in die Bilanz geschrieben. Zum Ausgleich stellten die Mutterbanken der jungen Tochter einen »Garantie-Schirm« zur Verfügung. Vor diesem Hintergrund ist es hilfreich, einmal zu analysieren, was den Erfolg der Eurohypo ausmacht.

Die Financials – 5 Jahre nach der Gründung

Die wirtschaftliche Entwicklung der Eurohypo in den fünf Jahren seit ihrer Gründung, ist eine Erfolgsgeschichte eigener Art. Schaut man auf die wesentlichen finanziellen Kennziffern, wird deutlich, wie sich das »Stiefkind« der drei Frankfurter Großbanken zur »Goldmarie« im weltweiten Immobilienbanking gemausert hat:

- Die Eigenkapitalrendite hat sich von 2002 bis 2007 auf fast 15 % verdoppelt.
- Das Immobilienneugeschäft hat sich seit der Gründung fast verdreifacht.
- Das Ergebnis vor Steuern hat sich verdoppelt.
- Die Cost Income Ratio – das Verhältnis von Verwaltungsaufwand zu Zins- und Provisionsüberschuss – verbesserte sich von 36,8 % (2002) auf 33,7 % (1. HJ 2007)
- Die internationale Präsenz ist von 17 auf 27 Länder angewachsen.

Diese bemerkenswerte Leistungsbilanz der Bank, ihrer Mitarbeiterinnen und Mitarbeiter, wird abgerundet durch zahlreiche Auszeichnungen in internationalen Wettbewerben, vom Titel »Best Banking & Finance Company«, dem »CEE Real Estate Quality Award«, bis zur Auszeichnung »Best Real Estate Bank of the world« von Euromoney. Ausdruck der starken Marktposition der Eurohypo ist auch die Position ihrer Marke. Der Eurohypo-Bekanntheitsgrad ist in Deutschland laut der Gesellschaft für Konsumforschung (GfK) seit 2004 um 40 % gestiegen. Und auch in vielen regionalen Märkten wie USA, UK, Spanien, Italien, Türkei und Russland zählt die Bank zu den Top-Adressen.

Buy-and-Manage – Das Geschäftsmodell

Motor der Erfolgsstory Eurohypo ist die Transformation des Geschäftsmodells einer klassischen Hypothekenbank in eine moderne Buy-and-Manage-Bank – und das von Beginn an.

Darüber stand vor allem die Erkenntnis, dass die Immobilienbanken mehr sein mussten als schlichte Kreditgeber. Sie haben sich zu integrierten Finanzdienstleistern entwickelt, bei denen die Verbindung von Immobilien- und Kapitalmärkten Herzstück ihrer Tätigkeit ist. Dabei geht es nicht um »dealgetriebenes«, opportunistisches Banking, sondern um ein auf langfristige Kundenbeziehungen aufbauendes Geschäft.

Die Globalisierung des Immobiliengeschäfts und der damit einhergehende Trend zu grenzüberschreitenden Fusionen haben dazu geführt, dass strukturierte Finanzierungen den Markt dominieren. Das bedeutet, dass die Finanzierungsbeiträge in unterschiedliche Tranchen strukturiert werden, in Senior- oder in Juniorloans, in B-Pieces, Mezzanine Loans und Equity.

Grundlage des Buy-and-Manage ist die Fähigkeit der Bank, das von ihr generierte Geschäft über geeignete »Exit-Kanäle« wieder zu verbriefen und zu syndizieren. Das »Exit-Volumen« der Bank hat sich in den letzten Jahren vervielfacht, die Methoden des entsprechenden Exit-Management haben sich in beeindruckender Weise professionalisiert.

Mit eigenen Verbriefungsplattformen – Opera und Semper – und ihren umfassenden Kapitalmarktaktivitäten hat die Eurohypo heute eine führende Stellung in Europa. Die League-Tables sprechen eine deutliche Sprache (siehe Seite 12).

Das Eurohypo-Team

Der Hinweis auf die Leistungsfähigkeit der Mitarbeiter hat üblicherweise etwas ritualhaftes. Dies ist vor dem Hintergrund der besonderen Geschichte der Eurohypo anders. Aus personalpolitischer Sicht steht am Beginn der Eurohypo eine Dreierfusion, die über alle Hierarchiestufen hinweg einen harten Wettbewerb und die Exzellenz der Leistungen zur Folge hatte. Die formale 3fach-Besetzung, die von Vorstandspositionen über Bereichs- und Abteilungsleiterfunktionen bis hin zu allen Betriebs- und Servicebereichen reichte, wurde innerhalb kürzester Zeit in schlanke, hocheffiziente Strukturen umgewandelt. Die nachfolgende Vorbereitung auf den SPO (secondary public offering) brachte eine zweite Auslese-Welle mit sich.

Eurohypo: Die führende Spezialbank für Wholesale-Kunden

Origination	▪ Fokussierte Kundengruppen ▪ Weitreichendes globales Netzwerk ▪ Proaktive Kunden- und Marktorientierung **»Professional for Professionals«**	▪ Hohe Innovationskraft im Immobiliengeschäft durch das Zusammenspiel von Immobilienfinanzierung und Real Estate Investment Banking
Beratung und Produkte	▪ Senior Lending ▪ Strukturierte Finanzierungen ▪ Real Estate Investment ▪ Innovative Produkte ▪ Public Finance	▪ Im Public Finance Budgetfinanzierungen bis zur Finanzierung staatlicher Infrastrukturprojekte für deutsche und ausländische öffentliche Adressen bzw. Zentral- und Regionalregierungen
Exit-Management	▪ On-balance Finanzierungen (z. B. Pfandbriefe) ▪ Off-balance Finanzierungen (z. B. Verbriefungen)	
Risikomanagement	▪ Strenge Risikoparameter für Neugeschäfte ▪ Aktives Kreditportfoliomanagement ▪ Moderne Systeme und Prozesse zur Überwachung aller Risikoarten	▪ Das Risikomanagement ist eine Kernkompetenz der Eurohypo. Unsere Portfolios werden laufend mit modernsten Methoden und Instrumenten überwacht und gesteuert. Unser Geschäft ist es, Risiken zu übernehmen, zu bewerten und am Kapitalmarkt zu handeln.

Funktion des »Buy and Manage«-Konzepts

AUSLEITUNG DES EIGENKAPITALS

EIGENKAPITAL-OPTIMIERTES WACHSTUM

Buy and Hold → **Buy and Manage** ← **Buy and Sell**

Klassische Hypothekenbank ←→ Reine Investmentbank

Flexibilität als strategischer Vorteil

- Geschäft mit geringer Volatilität
- Low-Cost-Producer
- Begrenztes Wachstumpotenzial

- Geschäft mit moderater Volatilität
- Sound-Cost-Producer
- Hohes Wachstumspotenzial

- Geschäft mit hoher Volatilität
- High-Cost-Producer
- Eigenkapital-optimiertes Wachstum

kontinuierliche Steigerung des Return on Equity vor Steuern

in %

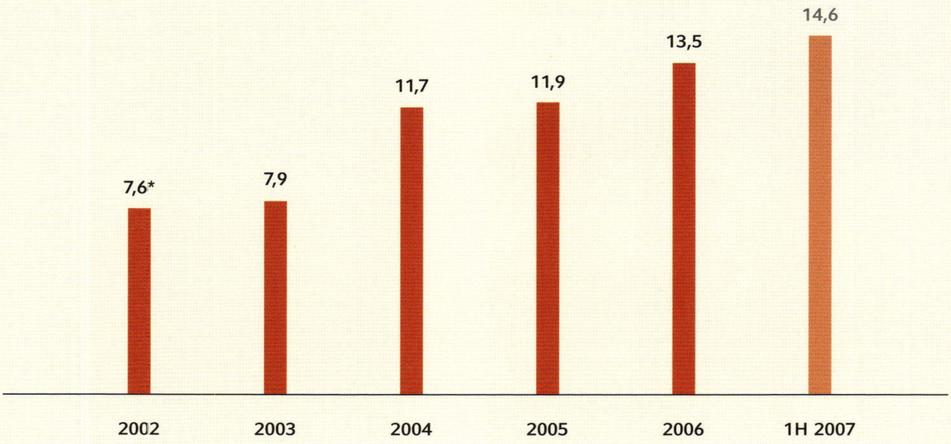

* nach HGB

Immobilien-Neugeschäft (inkl. Retail Banking) im ersten Halbjahr 2007: unvermindert hohes Anstiegstempo

in Mrd. €

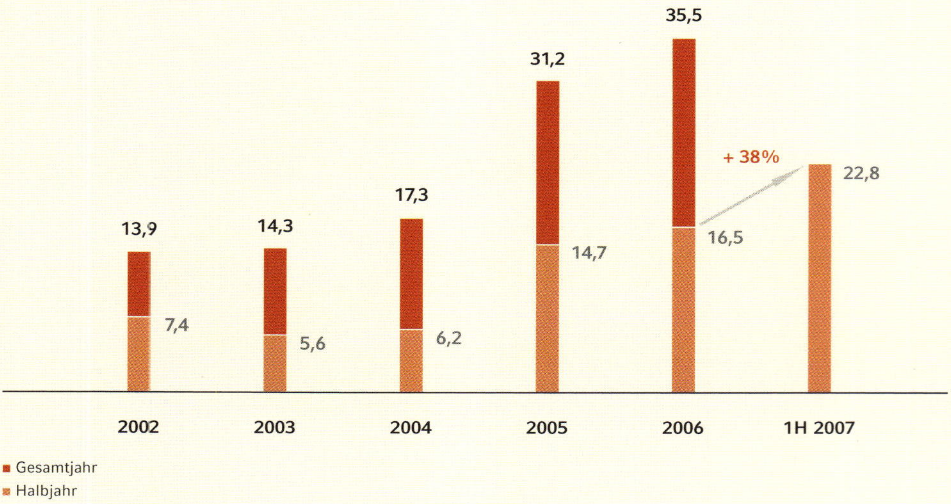

Schließlich hat dann auch die Übernahme durch die Commerzbank die Leistungsfähigkeit der Mitarbeiter auf den Prüfstand gestellt.

Die skizzierte Erfolgsgeschichte der ersten fünf Jahre der Eurohypo sind eine Annährung an die historische Aufarbeitung dieser Zeit, an die »Biografie« dieser Bank. Aber auch die 140 Jahre Hypothekenbankgeschäft, die vor dem Gründungsjahr 2002 liegen, das Werden und Wachsen der Bank, verdienen eine geschichtliche Aufarbeitung.

»Denn allem Anfang wohnt ein Zauber inne«

Das 21. Jahrhundert begann wirtschaftlich mit einem Fehlstart. Die weltweiten Aktienkurse sackten nach dem Boom der 90er Jahre kräftig ab, eine Skandal- und Pleitewelle schwappte durch die USA und drohte, die anderen Märkte mit sich zu reißen. Zusätzlich kriselte der dortige Immobilienmarkt bedenklich. Am 11. September 2001 hielt die Welt den Atem an und starrte auf die Fernsehbilder aus Downtown Manhattan; die Anschläge in Madrid und London waren weniger folgenreich, aber auch sie förderten ein Klima der Angst. Der steigende Ölpreis hemmte die Weltwirtschaft und schwächte die Inlandskonjunktur. Auf dem deutschen Markt wirkten sich die Verunsicherungen vor allem auf Seiten der Konsumenten und Investoren aus, die anhaltende konjunkturelle Abschwächung ging mit einer schwierigen Arbeitsmarktlage einher. So sank zum Beispiel die Ertragskraft der rund 2.500 deutschen Kreditinstitute auf das Niveau Anfang der 80er Jahre.

Doch noch während der bundesdeutsche Bankenmarkt wegen der gescheiterten Fusionsgespräche von Deutscher Bank und Dresdner Bank in Aufruhr war, gelang die Verschmelzung ihrer Hypothekenbanktöchter überraschend problemlos. Eine Überraschung war es schließlich außerdem, dass die Tochter der Commerzbank – die Rheinhyp – in diese Zusammenlegung miteinbezogen werden konnte.

Die im August 2002 gegründete Eurohypo konnte sich schnell als führende europäische Spezialbank am weltweiten Immobilienmarkt behaupten und die schwierigen Bedingungen für sich nutzen. Es ist das vorläufige Ende eines gut hundertjährigen Konzentrationsprozesses, der in immer neuen Schüben das Funktionieren des Immobilienfinanzierungsgeschäfts garantierte.

Aufbruch in neue Dimensionen: Die Gründung der Eurohypo im Jahre 2002

Die drei großen deutschen Privatbanken gaben am 6. November 2001, zusammen mit den Vorständen ihrer Hypothekenbanktöchter, in einer gemeinsamen Pressekonferenz bekannt, dass sie ihre Beteiligungen an der Eurohypo alt, der Rheinhyp und der Deutsche Hyp zusammenlegen wollen. Am 29. April 2002 wurden die Unterschriften unter den entsprechenden Vertrag gesetzt, im Juni des Jahres wurde in den Hauptversammlungen der Hypothekenbanken darüber abgestimmt und endgültig grünes Licht für die Verschmelzung gegeben. Schließlich ist der Eintrag der Eurohypo ins Handelsregister von Frankfurt am Main auf den 13. August 2002 datiert. Deutsche Bank, Dresdner Bank und Commerzbank benötigten kaum ein Jahr für eine der ungewöhnlichsten Verschmelzungen der jüngsten Vergangenheit.

Der Verschmelzungsbericht begründet den Schritt auf sieben Seiten. Das allein beweist schon, wie ungewöhnlich der Vorgang war. Unter »Wesentliche Gründe für die Verschmelzung« heißt es:

> »Der an Härte zunehmende Wettbewerb, die erheblichen Kosten für den Einsatz von Informations- und Kommunikationstechnologien sowie die immer höheren Anforderungen an die Eigenkapitalunterlegung und an die Verzinsung des eingesetzten Kapitals sind wichtige Gründe im gesamtwirtschaftlichen Umfeld der Hypothekenbanken, die für eine Zusammenführung der Deutsche Hyp, der Eurohypo und der Rheinhyp sprechen. Daneben können die sich aus dem Hypothekenbankgesetz ergebenden Beschränkungen, die es mitunter erschwert haben, den Anforderungen der Märkte und professioneller Kunden zu entsprechen, durch die Verschmelzung der Eurohypo und der Rheinhyp auf die Deutsche Hyp beseitigt werden.«

Besonders ausgefallen klingen diese Gründe nicht, und es waren wohl auch weniger die Sachzwänge, die zu einer so ausführlichen Rechtfertigung drängten. Denn die waren klar und die Verschmelzungslösung lag aus dieser Sicht ausgesprochen nahe. Es gab keine wirtschaftlich sinnvolle Alternative. Nein, es waren eher die Tradition und das über mehr als ein Jahrhundert gewachsene Selbstbewusstsein der Häuser, die da verschmolzen werden sollten, und die schiere Größe des Vorgangs, die den Beteiligten Respekt und Ehrfurcht abnötigten. Schließlich entstand durch die Fusion das mit einer Bilanzsumme von 228 Mrd. € – einem Viertel der aggregierten Bilanzsumme aller deutschen Hypothekenbanken – größte Unternehmen der Branche.

Synergieeffekte sollten die Wettbewerbsposition verbessern, die Effizienz steigern und die Ertragskraft erhöhen. So führt der Verschmelzungsbericht an späterer Stelle aus, dass

> »die Eurohypo Neu nicht nur eine bessere Position im Wettbewerb einnehmen«

wird, sondern

> »die Verschmelzung der drei Institute zudem eine spürbare Steigerung der Effizienz und eine Stärkung der Ertragskraft«

ermöglicht und

> »DIE ZUSAMMENFÜHRUNG DER DREI HYPOTHEKENBANKEN EIN BETRÄCHTLICHES SYNERGIEPOTENZIAL«

freisetzt.

Nicht alle Seiten waren für den Reiz dieser Aussichten empfänglich, aber Dirk Wilhelm Schuh, damals Vorstandssprecher der Deutschen Hyp, heute stellvertretender Vorstandsvorsitzender der Eurohypo, brachte die damit verbundene Hoffnung auf den Punkt:

> »DIE NEUE EUROHYPO WIRD FÜR UNS ALLE CHANCEN ERÖFFNEN, DIE SICH KEINES DER VORGÄNGERINSTITUTE ALLEIN HÄTTE ERSCHLIESSEN KÖNNEN.«

Bereits Anfang 2000 hatten Vertreter von Deutscher und Dresdner Bank eine Verschmelzung zwischen Deutscher Hyp und Eurohypo alt im Zuge ihrer eigenen »Großbankhochzeit« diskutiert. Bekanntlich scheiterten diese Versuche, jedoch waren erste Vorbereitungen zur »kleinen Hochzeit« bereits getan. Richtig in Fahrt kamen die Verhandlungen aber erst, als auch die Commerzbank Interesse zeigte, ihre Beteiligung an der Rheinhyp in das neue Unternehmen einzubringen. Denn damit fielen zum einen die Beteiligungsquoten der nunmehr drei Institute unter 50 %, was den Konzerngesellschaften eine Vollkonsolidierung ersparte, und zum anderen wurde so die »große« Lösung möglich.

Bereits Anfang 2001 fanden die ersten Gespräche zwischen den Konsortialsprechern der drei Mutterbanken statt. Diese mussten ihre Hypothekenbanktöchter – lange Jahre ein verlässlich positiver Faktor für die Konzernbilanz – seit einiger Zeit finanziell stützen und es stand nicht zu erwarten, dass sich das wieder ändern würde. Die Zeiten hatten sich grundlegend geändert, das Hypothekengeschäft wurde immer schwieriger, während sich die Großbanken zunehmend als integrierte Investmentinstitute verstanden und damit ein Geschäftsmodell bevorzugten, zu dem die traditionellen Hypothekenbanken nicht mehr recht passten.

Codename Skyline

So klar die Verschmelzung in den Grundsätzen erschien, so komplex und hindernisreich war sie im Detail. Eine der größten Hürden war die Bewertung der einzelnen Häuser, denn das bestimmte letztlich ihren Stellenwert im neuen Unternehmen. Schwierig war auch die Frage, wie sich die sehr unterschiedlichen Hypothekenbankkulturen vereinen ließen. Weniger problematisch war die Entscheidung auf die Deutsche Hyp zu verschmelzen, denn diese besaß – ein Erbe der Norddeutschen Hypotheken- und Wechselbank, einem ihrer Vorgängerinstitute – den »Gemischtbankenstatus«. Er bedeutete einen nicht zu unterschätzenden strategischen Vorteil, sollte die Neugründung doch die führende Spezialbank für Immobilien- und Staatsfinanzierungen werden. Und auch der Name war unproblematisch; da man

> Die Deutsche Handball-Nationalmannschaft wird am 4. Februar 2007 zum dritten Mal nach 1938 und 1978 Weltmeister. Die Eurohypo ist seit 2004 Premiumsponsor des deutschen Handballbundes.

sich endgültig vom Regionalprinzip verabschieden und international agieren wollte, standen weder Rheinhyp noch Deutsche Hyp ernsthaft zur Debatte.

Die Verhandlungen unter dem Codenamen »Skyline« lösten schließlich auch die Bewertungsfrage. Vereinbart wurden Beteiligungsquoten von 35 % für Commerzbank bzw. Rheinhyp, 35 % für Deutsche Bank bzw. Eurohypo alt und 30 % für Dresdner Bank bzw. Deutsche Hyp. Zunächst lagerten zwei Großbanken zusätzlich einzelne spezifische Geschäftsbereiche in das neue Unternehmen aus, um ihr eigenes Profil wie das der Eurohypo zu schärfen und deren globale Orientierung zu unterstützen. Die Deutsche Bank steuerte ihren Inlandsbereich Real Estate Finance sowie den Löwenanteil am Real Estate Investmentbanking (mit Sitz in London) bei, und von der Dresdner Bank kam der Bereich Real Estate Investmentbanking USA.

Im Verbund mit dem Gemischtbankprinzip konnte die Eurohypo von Anfang an international orientierte und institutionelle Investoren mit Produkten ansprechen, die den vom Hypothekenbankgesetz gesteckten Rahmen hinter sich ließen. Auf der ersten

Pressekonferenz für die neue Eurohypo formulierte es Bernd Knobloch, der heutige Vorstandsvorsitzende, noch als Ziel:

> »Unsere zukünftige Bilanzstärke sowie unser dank des Gemischtbankstatus breites Angebot im Bereich der Finanzierungen verschaffen uns im Real Estate Investmentbanking einen wichtigen Vorteil gegenüber den eher einseitig ausgerichteten Investmentbanken auf dem europäischen sowie auf dem US-Markt.“

Inzwischen ist längst klar, dass die Rechnung aufging. Schon die Zahlen des ersten vollen Geschäftsjahres sprechen eine klare Sprache: 2003 wurden 14 Mrd.€ Neugeschäft bei Immobilienfinanzierungen, fast ebenso viel bei den Staatsfinanzierungen und ein operatives Ergebnis von 390 Mio.€ erwirtschaftet. Die neue Bank auf alten Fundamenten wurde aus dem Stand zum Global Player und spielt seitdem im weltweiten Immobiliengeschäft ganz vorne mit.

Der Erfolg belegt eine gelungene Anpassung. Die Vorgängerinstitute hatten die Grundlage für die Internationalisierung geschaffen, aber ihr Geschäftsmodell hielt dem Wettbewerbsdruck im inländischen Immobilien- und Staatsfinanzierungsgeschäft mit seinen margenschwachen Aussichten nicht Stand. Abhilfe schaffte die Bündelung der Aktivitäten in Kompetenzzentren (»Center of Competence«), die auch die kompliziertesten gewerblichen Immobilienfinanzierungen bewältigen und die ganze Wertschöpfungskette unter einem Dach halten.

Umwälzungen des rechtlichen Rahmens: Das Pfandbriefgesetz

Am 19. Juli 2005 wurde das Pfandbriefgesetz verabschiedet und damit das Spezialbankenprinzip abgeschafft. Auch wenn sich das revolutionär anhört: Mehr als eine Anpassung an die Gegebenheiten war es nicht. Ohnehin wurde diese Beschränkung des Geschäftskreises nur noch de jure aufrechterhalten. Faktisch gab es keine selbstständige Hypothekenbank mehr, alle waren unter ein Konzerndach geschlüpft und das Pfandbriefprivileg diente längst der Refinanzierung der beherrschenden Universalbank. Außerdem wäre dieser Eingriff in die Gewerbefreiheit ohnehin mittelfristig von dem Europäischen Gerichtshof sanktioniert worden.

Zu diesem Zeitpunkt – und das ist auch eine Folge der Verschmelzung im Jahre 2002 – arbeitete die Eurohypo als gemischte Hypothekenbank bereits weitgehend außerhalb des alten Hypothekenbankgesetzes und hatte ihr Tätigkeitsfeld dem entsprechend erweitert.

Das PfandBG löste das seit 105 Jahren bestehende Hypothekenbankgesetz (HBG) sowie das Gesetz über die Pfandbriefe und verwandte Schuldverschreibungen öffentlich-rechtlicher Kreditanstalten, kurz Öffentliches Pfandbriefgesetz (ÖPG), das am 21. Dezember 1927 beschlossen worden war, ab.

Heute kann sich jedes Kreditinstitut über Pfandbriefe refinanzieren. Nach wie vor sind die gesetzlichen Anforderungen hoch und die Erlaubnis der BaFin notwendig. Umgekehrt hat jede Hypothekenbank nunmehr den Status einer Universalbank.

Vor allem war es wichtig, mit der Abschaffung des HBG eine Befreiung von beschränkenden Institutionen, ohne Einbußen an Sicherheit, zu gewährleisten. Das Vertrauen der internationalen Anlegergemeinde sollte schließlich auf keinen Fall verspielt werden. Ziel der Neuregelung war vielmehr, den Pfandbrief als »Exportschlager« auf dem nationalen und internationalen Finanzmarkt zukunftsfest zu machen. Dabei geht es um erhebliche Summen: Der Nominalumlaufbetrag der Hypotheken- und öffentlichen Pfandbriefe belief sich 2003 auf 1.100 Mrd. € wohingegen das EU-Gesamtvolumen im Vergleich bei 1.500 Mrd. € lag. Der Pfandbrief bildete somit Ende 2003 das größte Segment am europäischen Rentenmarkt, was sich auch nach der Gesetzesänderung nicht änderte.

Der Impuls, der von gesetzgeberischer Seite auf den deutschen Rentenmarkt ausging, war durchaus wichtig und sorgte langfristig für mehr Handlungsfähigkeit für die deutschen Emittenten von Pfandbriefen.

Darüber hinaus ist die hohe Pfandbriefqualität ohne Einbuße zum HBG mit dem PfandBG erreicht und weitergeführt worden. Zusätzlich schaffte es die notwendige Aufrechterhaltung des Vertrauens vor allem internationaler Anleger. Zum einen bleibt die Sicherheit des Pfandbriefs unerreicht, nicht zuletzt weil sie auf gesetzlichen und nicht lediglich vertraglichen Grundlagen beruht anders als viele andere Produkte dieses Segments. Zum anderen hat der Pfandbrief auch im ersten Jahr nach Einführung des Pfandbriefgesetzes seine marktprägende Stellung auf dem europäischen Markt für gedeckte Schuldverschreibungen behalten. Der Anteil an Jumbo-Pfandbriefen lag im gesamten europäischen Markt für Jumbo Covered Bonds am Jahresende 2006 bei 45 % und hatte ein Bruttoemissionsvolumen von fast 170 Mrd. €.

Als Fazit kann festgehalten werden, dass die Geschichte der privaten Immobilienbanken, mit dem Pfandbrief als wichtigstes Refinanzierungsinstrument, ihren Zauber noch lange nicht verloren hat.

GEMEINSAM IN DIE ZUKUNFT

DR. KARSTEN v. KÖLLER

Chairman Lone Star Germany GmbH
Von 2002 bis 2004 Vorsitzender des Vorstands der Eurohypo AG

Die Fusion der drei Hypothekenbanken vor nunmehr fünf Jahren fand vor dem Hintergrund schwieriger Rahmenbedingungen der Finanz- und Kapitalmärkte statt, die schon in den Jahren zuvor zu einem starken Konsolidierungsdruck bei den Instituten geführt hatten. Eingeschnürt in das enge Korsett des Hypothekenbankengesetzes waren wir als hochspezialisierte Institute immer weniger in der Lage, die hohen Ansprüche internationaler Großkunden und institutioneller Anleger mit ihren Anforderungen an ein komplettes Dienstleistungsangebot im Bereich der Immobilienfinanzierung zu erfüllen. Die Finanzierung großvolumiger Immobilienprojekte stieß mehr und mehr an die Grenzen zu kleiner Bilanzvolumina – wir konnten diese Darlehenssummen nicht mehr schultern. Wir wünschten uns, um unsere Kunden dauerhaft an uns zu binden, kapitalmarktnahe Finanzierungsinstrumente, eine ungehinderte Internationalisierung des Hypothekengeschäfts – all das, was ein wettbewerbsfähiges Institut hätte leisten sollen und was uns Hypothekenbanken verschlossen blieb.

Schwache Immobilienmärkte, ein spürbarer Margenverfall und Ertragsprobleme verschärften die Lage zusätzlich. Die Bruttozinsmarge sank kontinuierlich, die Cost-Income-Ratio stieg bei den reinen Hypothekenbanken im Durchschnitt von 34,7 % im Jahre 1998 auf mehr als 39 % im Herbst 2001 an. Immer höhere Anforderungen an die Eigenkapitalunterlegung und an die Verzinsung des eingesetzten Kapitals ließen mehr und mehr die Frage aufkommen, inwieweit sich diese Branche auf Dauer behaupten könne. Die Probleme der Hypothekenbanken wurden zusätzlich akzentuiert durch die zunehmende Wettbewerbsstärke von Nichthypothekenbanken. Ihre besseren Möglichkeiten zur Preisgestaltung im Zuge der Mischkalkulation, das Cross-Selling mit anderen, oftmals lukrativeren Finanzprodukten und die geringere Spezialisierung machten den Hypothekarkredit für sie zu einem von vielen Angeboten.

Universalbank allerdings wollten wir nicht werden– wir haben immer auf das Immobilien- und Staatsfinanzierungsgeschäft gesetzt, weil wir davon überzeugt waren, dass nur aus dieser Spezialisierung heraus – mit der Konzentration auf unsere Kernkompetenzen – sich die Rolle dieser Bankengruppe im Wettbewerb behaupten ließ.

Nun hatte sich unsere Branche nie in »ihr Schicksal begeben«, sondern immer innovativ und intensiv nach Auswegen aus dem engen Korsett eines bewährten, aber allmählich nicht mehr zeitgemäßen Gesetzes gesucht. Immer noch ein bildhaftes Beispiel für die Stärke unserer Branche ist der liquide Jumbo-Pfandbrief, mit dem wir schon Mitte der neunziger Jahre Innovationskraft und Anpassungsfähigkeit bewiesen – die Vorgänger der heutigen Eurohypo natürlich vorneweg. Dieses wichtigste Refinanzierungsinstrument absolvierte einen beispiellosen Siegeszug, es war und ist bis heute der Beispielgeber für ähnliche Modelle in ganz Europa.

Aus meiner Sicht hat mit der Fusion der Eurohypo eine neue Zeitrechnung begonnen: Deutlich sichtbar wurde der Beweis für die Kraft des deutschen Bankwesens mit dieser wohl erfolgreichsten Fusion, die es bis dahin am deutschen Bankenmarkt gegeben hat. Das zu einem Zeitpunkt, als offen darüber diskutiert wurde, ob die deutschen Banken überhaupt zu einer Konsolidierung fähig seien. Drei Hypothekenbanken, die zu den größten in Deutschland gehörten, zu einem schlagkräftigen, neuen Institut zusammenzufassen und zusätzlich Einheiten aus dem Real Estate Investmentbanking einzubringen, war eine mehr als »sportliche« Aufgabe. Ich bin noch heute dankbar dafür, dass ich die ersten Jahre des Aufbruchs der Eurohypo als ihr erster Vorstandsvorsitzender begleiten durfte.

Gemeinsam haben wir es geschafft, eine Bank aufzustellen, die zeigt, wie schlagkräftig eine Spezialbank sein kann bzw. was man alles aus einem »boring business« – so urteilte man damals voreilig über Immobilienbanken – machen kann, wenn man weiß, wie der Weg zum Erfolg aussieht. Der Erfolg gibt der Eurohypo Recht: Sie ist heute einer der stärksten Anbieter auf den Finanz- und Kapitalmärkten. Ganz gleich, ob es dabei um die Immobilien-, die Staatsfinanzierung oder die Refinanzierung geht.

Mit dieser Bank war in unserem Geschäftsfeld alles möglich. Das war der Geist, der alle durchdrungen hatte, der dafür sorgte, in kürzester Zeit alle Schranken zu überwinden und aus dem Blau der Deutschen Bank, dem Grün der Dresdner Bank und dem Gelb der Commerzbank wurde mit größter Geschwindigkeit das Rot der Eurohypo. Wir alle waren die Eurohypo, wir alle waren getrieben vom Willen zum Erfolg.

Endlich konnten wir weltweit agieren und das erweiterte Dienstleistungsspektrum in der Immobilienfinanzierung anbieten, das komplexe Dienstleistungen für international orientierte, professionelle Investoren einschloss. Umgehend bauten wir unsere Aktivitäten im wichtigen nordamerikanischen Markt aus und konnten schon dank der schieren Größe der Eurohypo in der Refinanzierung als Benchmark-Emittent an den Markt treten. Die Kraft dazu bot die Bündelung des gesamten Know-hows und der erheblichen Ressourcen von drei Hypothekenbanken in der neuen starken Einheit.

Insgesamt war es mit der Fusion möglich, alle Vorteile, die sich aus unserer Größe ergaben, zu nutzen:

- Als gemischte Hypothekenbank unterlagen wir nicht mehr den regionalen Beschränkungen des Hypothekenbankgesetzes. Damit war es möglich, die Eurohypo in den fünf Jahren ihres Bestehens zu einem wirklichen »global player« zu machen. Ihre gebündelte Vertriebskraft hat die Bank sehr schnell und sehr erfolgreich »auf die Straße« gebracht: Bis heute hat sie mit Finanzierungszusagen im Immobilienbereich in Höhe von fast 36 Mrd. € (2006) ihre Stellung als Marktführer mehr als etabliert.

- Mit der Fusion konnten wir alle Möglichkeiten des Immobilien-Investmentbanking in den Teilbereichen Structured Finance, Advisory, Syndication und Securitization für Dritte intensiver und flexibler nutzen, als eine reine Hypothekenbank – in Zeiten rapide zunehmender Globalisierung des Immobiliengeschäfts ein unschätzbarer Vorteil.

- Mit der Fusion zu einem »Schwergewicht« geworden, spielten wir im Immobiliengeschäft in einer anderen Liga: Nur ein so großes Institut hat die Underwriting-Kapazität, die man braucht, um wirklich große Finanzierungsprojekte bewältigen zu können.

- Schließlich hatte die neue Eurohypo endlich den freien Zugang zu den Kapitalmärkten und damit auch zur Eigenkapitalbeschaffung. Vor allem im Hinblick auf die Regelungen von Basel II mit neuen, strengeren Mindestanforderungen für die Eigenkapitalausstattung von Kreditinstituten, war es sinnvoll, unsere Ressourcen zu bündeln.

- Auch das zweite Standbein der Eurohypo, die Staatsfinanzierung, profitierte vom Zusammenschluss der drei Institute. Ein kumulierter Darlehensbestand der drei Hypothekenbanken im Staatsfinanzierungsgeschäft von mehr als 100 Mrd. €, bis heute eines der größten Portfolios dieser Art in Europa, macht diesen Anspruch deutlich.

Nur ein Ziel, das sich die Eurohypo von Anfang an auf die Fahne geschrieben hatte, hat sie nicht erreicht: den Börsengang. Statt dessen hat die Commerzbank das Potenzial dieser Bank erkannt und mit der Übernahme der Aktienmehrheit entsprechend reagiert. Damit spielt die Eurohypo wiederum in einer anderen Liga: Sie ist essentieller Bestandteil des zweitgrößten deutschen Bankkonzerns.

Aus einer Fusion, die vom Markt getrieben worden war, ist damit ein Garant für den Erfolg einer der großen, traditionsreichen deutschen Bankkonzerne, der Commerzbank, geworden. Die Eurohypo gestaltet damit in vorderster Linie auch den Erfolg des deutschen Finanzwesens.

Die Aufgaben, die vor dieser Bank liegen, sind nicht leichter geworden: Die Integration muss weiter »verinnerlicht« und gelebt werden. Der Wettbewerb, in dem man sich zu behaupten hat, ist in den letzten fünf Jahren noch härter geworden, die Zahl der Wettbewerber hat zugenommen. Schließlich ist, auch das darf nicht übersehen werden, heutzutage das Immobiliengeschäft »sexy«, denn in den fünf Jahren Eurohypo ist aus der Immobilie eine allseits anerkannte und geschätzte Asset-Klasse geworden.

Ich bin davon überzeugt, dass dieses Institut, das nicht nur während der Fusion, sondern auch in den Jahren danach soviel innere Kraft bewiesen, so viel Innovationspotenzial unter Beweis gestellt, sich so deutlich an der Spitze des Marktes etabliert hat, zusammen mit der Commerzbank eine ebenso starke Zeit vor sich hat.

Ich wünsche an dieser Stelle allen Mitarbeiterinnen und Mitarbeitern der Eurohypo alles Gute, Glück und Erfolg auf dem weiteren Weg »unserer« Bank.

DIE EUROHYPO – EIN FELS IN DER INTERNATIONALEN IMMOBILIENLANDSCHAFT

DR. JOACHIM v. HARBOU

Aufsichtsratsvorsitzender der Eurohypo AG von 2002–2005

Als Anfang 2001 die Gespräche über die Verschmelzung der Hypothekenbanktöchter der drei Frankfurter Großbanken – Deutsche Bank, Dresdner Bank und Commerzbank – unter dem Codenamen »Skyline« begannen, waren zuvor eine Reihe von Fusionsanläufen in der Deutschen Bankenlandschaft ergebnislos verlaufen. Eine Konsolidierung der privaten Finanzinstitute schien in weite Ferne gerückt und niemand konnte voraussehen, mit welchem Erfolg sich die neu entstehende Eurohypo am Kapitalmarkt etablieren würde.

Zu diesem Zeitpunkt war die Geschäftstätigkeit der privaten Hypothekenbanken, vor allem auf dem deutschen Binnenmarkt, stark unter Druck geraten. Nicht nur untereinander machten sich die Hypothekenbanken verstärkt Konkurrenz, auch öffentlich-rechtliche Kreditinstitute, Genossenschaftsbanken, Bausparkassen und Lebensversicherungen boten vergleichbare Produkte an. Die in den angestammten Markt der Hypothekenbanken drängenden Institute wiesen einen niedrigeren Spezialisierungsgrad aus und agierten mit einer aggressiven Preisgestaltung. Dank der ihnen offen stehenden Mischkalkulation konnten sie variablere, für die Kunden attraktivere Finanzierungsformen darstellen und der Hypothekarkredit war dabei oft nur eines von vielen Ankerprodukten.

Verschärfend kamen die sinkenden Marktvolumina im deutschen Wohnungsbau in Folge entfallender Steuervorteile und einer zunehmenden Marktsättigung hinzu. Auch die Risikobelastungen aus sowohl gewerblichen wie privaten Immobilienfinanzierungen, nicht nur in den östlichen Bundesländern, machten der Branche zu schaffen. Diese Herausforderungen lösten Überlegungen bei Deutscher Bank, Dresdner Bank und Commerzbank nach einer Lösung aus, welche die Zukunftsfähigkeit des Immobilienfinanzierungsgeschäfts gewährleisten sollte.

Hierfür sah die Branche zwei Optionen: Entweder man spezialisierte sich noch stärker im Aktivgeschäft. Diese Variante wählte die DePfa-Gruppe mit einer Aufspaltung in je eine Bank für das Immobilien- und das Staatsfinanzierungsgeschäft. Oder man strebte externes Wachstum durch Zusammenschlüsse mit anderen Marktteilnehmern an, um neben einer forcierten Internationalisierung des Geschäfts auch die Qualitäts-, Synergie- und Zahleneffekte zu realisieren.

Das Gründungskonzept der Eurohypo sah die Verschmelzung von drei nahezu gleichwertigen Partnern zu einem neuen Ganzen vor. Der glückliche Zufall wollte es, dass bei allen drei Mutterhäusern, wenn auch aus unterschiedlichen Gründen, zu diesem Zeitpunkt das Immobiliengeschäft in seiner seitherigen Form strategisch in Frage gestellt war. Hinzu kam der Eigenkapitalbedarf der einzelnen Institute. Die Höhe des Eigenkapitals war aufgrund der Begrenzung gem. Grundsatz I in Verbindung mit den §§ 10, 10a KWG für die Vergabe von Krediten der entscheidende Parameter für das Wachstum im Kreditgeschäft. Vor allem im Hinblick auf die zu erwartenden Regelungen des Baseler Ausschusses für Bankenaufsicht, mit denen neue Mindestanforderungen für die Eigenkapitalausstattung von Kreditinstituten festgelegt wurden (sog. Basel II), war es sinnvoll, die Ressourcen zu bündeln. Die Hypothekenbanken mussten sich darauf vorbereiten, künftig aufgrund einer Neueinstufung der mit Krediten verbundenen Risiken ggf. mehr Eigenkapital zur Unterlegung der Kredite bereit zu halten. Dieses stand nicht im Einklang mit der Geschäftspolitik der Muttergesellschaften, die Eigenkapital-Allokationen stärker als zuvor an den ROE-Potentialen der einzelnen Sparten zu orientieren.

Nicht zuletzt hatten auch die Töchter selbst großes Interesse, ihr Geschäftsfeld durch eine Ausweitung des Volumens, insbesondere im Ausland, signifikant zu vergrößern und durch intelligente neue Konzepte, z. B. im Immobilien-Investmentbanking, auszubauen. Ziel war es, hiermit dem wachsenden Wettbewerbsdruck und sinkenden Margen bei den Standardprodukten etwas Wirkungsvolles entgegenzusetzen.

Die sog. »Skyline-Verhandlungen« waren von Beginn an vom Willen der Beteiligten geprägt, gemeinsam zum Erfolg zu kommen. Und wann immer die Gespräche schwierig wurden, hielten sich die Verhandlungsführer dieses Ziel vor Augen. Die besonders anspruchsvolle Struktur einer Dreierfusion war letztlich nur erreichbar, indem jeder Partner zu Abstrichen und Zugeständnissen bei seinen eigenen Maximalvorstellungen bereit war. Der große Schritt gelang, alle sich aufbauenden Hindernisse wurden überwunden und vor nunmehr fünf Jahren konnte die »neue« Eurohypo als Nachfolgerin der Deutsche Hyp, Rheinhyp und Eurohypo alt gegründet werden.

Diese Fusion bot die Chance, das Unternehmen als einen der stärksten Anbieter seiner Branche auf den Finanz- und Kapitalmärkten zu etablieren. Die Selektion der Stärken der drei Vorgängerinstitute setzte Benchmarks für die Bereiche Immobilien, Staatskredite und Refinanzierung. Dank eines höchst wettbewerbsfähigen Dienstleistungsangebotes können international orientierten institutionellen Investoren komplexe Beratungs- und Finanzierungsleistungen geboten werden.

Heute wissen wir: Es hat sich gelohnt. Die Eurohypo ist ein gelungenes Beispiel für die Veränderungsfähigkeit der Deutschen Finanzwirtschaft und ist, auch international, aus der Immobilienlandschaft nicht mehr wegzudenken.

EINE FUSION ÜBER KONZERNGRENZEN: DREI PARTNER, EIN ZIEL

JÜRGEN FITSCHEN

Mitglied des Group Executive Committee der Deutschen Bank
Stellvertretender Aufsichtsratsvorsitzender der Eurohypo AG von 2002 – 2004

Die Eurohypo kann auf ihr fünfjähriges Bestehen zurückblicken. Sie ist also eine noch relativ junge Bank, aber mit einer langen Tradition. Hervorgegangen ist sie aus dem Zusammenschluss der Hypothekenbanktöchter der Commerzbank (Rheinhyp), der Deutschen Bank (Eurohypo »alt«) und der Dresdner Bank (Deutsche Hyp). Dieser Zusammenschluss war bemerkenswert, denn zum ersten Mal fand damit in Deutschland eine Fusion von Hypothekenbanken über Konzerngrenzen hinweg statt. Allerdings hatten die drei Frankfurter Großbanken bereits im Jahr 1971 beim so genannten Hypothekenbank-Karussell kooperiert. Hierbei wurden die bis dahin verschachtelten Hypothekenbank-Beteiligungen der Großbanken ausgetauscht. Aus dieser Neuordnung der Branche gingen später die drei Hypothekenbanktöchter hervor.

Konkrete Gespräche der Banken über eine mögliche Fusion ihrer Hypothekenbanktöchter wurden zu Beginn 2001 aufgenommen. Hintergrund war, dass sich das Umfeld im Immobilien- und Staatsfinanzierungsgeschäft grundlegend verändert hatte. Der scharfe Wettbewerb, geringe Margen und rückläufige Staatskredite erschwerten es mehr und mehr, die notwendige Rentabilität im Inland zu erzielen. Wachstumspotenzial boten dagegen das Immobilien-Investment Banking und das margenträchtige Auslandsgeschäft. Doch unterlagen reine Hypothekenbanken gesetzlichen Beschränkungen sowohl bezüglich der Produkt- und Dienstleistungspalette als auch bezüglich der regionalen Ausdehnung ihrer Aktivitäten.

Hinzu kam, dass die Anforderungen der Kunden an die Dienstleistungen der Hypothekenbanken anspruchsvoller wurden. Sie wünschten nicht mehr nur traditionelle Finanzierungen ihrer Immobilienprojekte, sondern komplexe und umfassende Dienstleistungen »aus einer Hand«. Gleichzeitig wuchsen die Investitionsvolumina, so dass die Institute schnell an die Grenzen stießen, die die Großkredit-Vorschriften des KWG vorgaben. Im Passivgeschäft wiederum erforderte der Status als Benchmark-Emittent auf den Kapitalmärkten – und hier vor allem dem Pfandbriefmarkt – hohe Emissionsbeträge und eine regelmäßige Inanspruchnahme der Märkte, die nur durch größere Einheiten darstellbar waren. Schließlich haben die Globalisierung der Finanzmärkte, hohe Investitionen in neue Informations- und Kommunikationstechnologie und nicht zuletzt steigende Anforderungen an die Eigenkapitalunterlegung und Rentabilität den Druck zur Konsolidierung allgemein spürbar zunehmen lassen.

Vor diesem Hintergrund war die Zusammenführung der drei Hypothekenbanktöchter strategisch sinnvoll. Es entstand eine führende Bank für Finanzierungen von gewerblichen Immobilien und des öffentlichen Sektors in Deutschland und Europa, die aufgrund ihrer Größe und ihres gebündelten Know-hows bessere Zukunftsaussichten hatte als die Einzelinstitute. Vollzogen wurde der Zusammenschluss im Wege der Verschmelzung auf die Deutsche Hyp, die als einzige über das Gemischtbankenprivileg verfügte. Dadurch unterlag die neue Eurohypo nicht mehr den Beschränkungen des Hypothekenbankgesetzes und konnte ein umfassendes Finanzdienstleistungs-Spektrum über die gesamte Wertschöpfungskette hinweg anbieten, weltweit auf den Immobilienmärkten tätig werden und insbesondere auch ein starkes Standbein in Nordamerika aufbauen. Kernregion sollte aber Europa sein und so lag es nahe, dass das neue Institut unter dem Namen »Eurohypo« firmierte.

Aus Sicht der Deutschen Bank war der Zusammenschluss Teil unserer strategischen Neuausrichtung. Ziel war es, die Deutsche Bank in eine fokussierte und kosteneffiziente Organisation mit substanziell geringeren Risikopositionen umzubauen. Dabei zählte unter anderem das kapitalintensive Immobilienfinanzierungsgeschäft nicht zu unseren Kernaktivitäten. Der Zusammenschluss unserer Hypothekenbanktochter mit den Töchtern der Commerzbank und der Dresdner Bank war somit ein konsequenter

Schritt im Hinblick auf die Konzentration auf unsere Kerngeschäftsfelder. Gleichzeitig verbesserte sich unser Bilanz- und Kapitalmanagement. Da unser Anteil unter der 50 %-Schwelle lag, konnten wir unsere Beteiligung an der Eurohypo dekonsolidieren. Das Ergebnis war eine deutliche Verringerung unseres Kreditvolumens und unserer Risikovorsorge. Die in den Eigenmittelvorschriften geforderte Kapitalunterlegung konnten wir auf eine anteilige Absicherung reduzieren. Damit wurde das bisher gebundene Eigenkapital frei für die weitere Expansion in unseren Kerngeschäftsfeldern.

Mittelfristig strebten wir die Reduzierung unserer Beteiligung auf unter 20 % an, um eine Dekonsolidierung auch nach den bankaufsichtsrechtlichen Bestimmungen zu erreichen. Dies sollte durch Erhöhung des Free Floats im Rahmen einer Sekundärplatzierung am Kapitalmarkt erfolgen. Allerdings waren die Bedingungen dafür in den folgenden Jahren nicht günstig, so dass der Börsengang aufgeschoben wurde. Ende 2005 bekundete dann die Commerzbank ihre Absicht, die Eurohypo vollständig übernehmen zu wollen. Wir haben daraufhin unseren gesamten Anteil von 37,7 % an der Eurohypo an die Commerzbank veräußert.

Das Fazit nach fünfjährigem Bestehen der Eurohypo fällt positiv aus. Sie hat sich von einer klassischen Hypothekenbank zu einer globalen Immobilien-Investmentbank entwickelt. Sie ist ein Beleg dafür, dass eine Fusion – noch dazu von drei Partnern – im deutschen Bankenmarkt über Konzerngrenzen hinweg erfolgreich durchgeführt werden kann. Die erhoffte Initialzündung für die weitere Konsolidierung der deutschen Banken war es aber nicht. Doch muss ein Zusammengehen aus strategischer Sicht Sinn machen, und meistens liegen die Vorteile nicht so klar auf der Hand wie bei der Gründung der Eurohypo. Ich wünsche der Eurohypo weiterhin viel Erfolg.

VERBRIEFUNG UND PFANDBRIEF – FINANZINSTRUMENTE, DIE SICH ERGÄNZEN

BERND KNOBLOCH

Vorsitzender des Vorstands Eurohypo AG
Mitglied des Vorstands Commerzbank AG

Die deutsche Immobilienwirtschaft durchläuft bereits seit geraumer Zeit einen tiefgreifenden Wandel. Lange Jahre galten Immobilien vor allem als alternatives Investment zur Risikobeimischung, als inflationsstabile Geldanlage für langfristig orientierte, auf Sicherheit bedachte Investoren. Einmal im Portfolio, wurden Immobilienengagements oftmals bis zum Ende der Objekt-Lebensdauer gehalten. Heute ist die Immobilie eine eigene Asset-Klasse, die gleichberechtigt neben Aktien und Anleihen steht. Sie zeichnet sich unter anderem durch ein in der Vergangenheit ungekanntes Maß an Liquidität aus. Die durchschnittliche Haltezeit liegt heute nur noch bei drei bis fünf Jahren.

Es sind im Wesentlichen zwei Faktoren, die diese Entwicklung ausgelöst haben und weiter vorantreiben: Der fortschreitende Prozess der Globalisierung sowie die grundlegende Änderung des regulatorischen Rahmens durch die neuen Eigenkapitalregelungen unter dem Stichwort »Basel II«. Beide Tendenzen wirken sich nicht nur auf die Entwicklung der Asset-Klasse Immobilien aus, sondern auch nachhaltig auf das Selbstverständnis von Immobilienbanken. Diese haben ihre Geschäftsstrategien schnell und effizient an das deutlich komplexer gewordene Marktumfeld angepasst und dabei auch ihre Produktpalette deutlich erweitert. Im Zuge dieser Weiterentwicklung hat auch der »klassische« Pfandbrief »moderne« Gesellschaft bekommen – in Form von Verbriefungen, Syndizierung oder Mezzanine-Lösungen. Diese zum Instrumentarium des Investment-Bankings gehörenden Produkte sind von ihren Strukturen her hervorragend geeignete Instrumente, um den beiden genannten grundlegenden Entwicklungslinien am Immobilienmarkt effizient und erfolgreich Rechnung zu tragen.

Die Immobilie im Zentrum des weltweiten Anlegerinteresses

Eine der augenfälligsten Ausprägungen der Globalisierung ist die weltumspannende Suche von Investorenkapital nach lukrativen Anlagemöglichkeiten. Ein bislang ungekanntes Maß an Liquidität und der daraus resultierende Anlagedruck haben erheblichen Anteil daran, dass die Immobilie neben anderen Assets inzwischen in das Zentrum des Anlegerinteresses gerückt ist. Mehr als 500 Mrd. € betrugen allein im vergangenen Jahr die grenzüberschreitenden Immobilieninvestitionen und Experten gehen davon aus, dass dieser Trend – egal ob als direkte oder indirekte Anlage – anhalten wird.

Investoren schätzen an der Immobilienanlage z. B. in Form von Commercial Mortgage Backed Securities vor allem die Aufteilung jeder Emission in mehrere, von Rating-Agenturen jeweils einzeln bewertete Tranchen. Dies gestattet ein außerordentliches genaues Ausbalancieren des Investments unter Risikogesichtspunkten. Der Markt profitiert seinerseits, da mit Verbriefungen ein zusätzliches – nicht zuletzt durch den hohen Diversifizierungsgrad – hochattraktives Produkt zur Verfügung steht, das in großem Stil das »Grundnahrungsmittel« Liquidität in den Markt lenkt.

Verbriefungen als effektives Instrument zur Risikosteuerung

Neben den Aspekten des Kapitalflusses im Zuge der Globalisierung spielt die Veränderung des regulatorischen Rahmens unter Basel II eine wesentliche Rolle bei dem beschriebenen raschen und umfassenden Wandel des Immobilienmarktes. Die neuen Regeln mit ihrer starken Risikogewichtung bei der vorgeschriebenen Unterlegung von Darlehen mit Eigenkapital verlangen sowohl von den finanzierenden Banken als auch von deren Kunden einen neuen Umgang mit Kreditrisiken und Eigenkapitaleinsatz. Die Banken müssen für einen adäquaten Eigenkapitaleinsatz unter Risikogesichtspunkten sorgen und ihre Risiken nicht nur auf Einzel- sondern auf Portfolioebene klassifizieren und steuern.

Verbriefungen unterstützen durch das individuelle Zusammenstellen und das Ausplatzieren von Darlehen oder Kreditrisiken eine solche aktive Portfoliosteuerung. Sie vermindern das Finanzierungsrisiko, verkürzen die Bilanz der Bank, setzen Eigenkapital und Liquidität frei und schaffen damit neue Spielräume für die Vergabe neuer Kredite. Unter dem Gesichtspunkt des Exits und der aktiven Risikosteuerung reicht die Verbriefung über die Funktionalität des Pfandbriefes hinaus, da dieser von seiner gesamten Struktur her ein reines, hocheffizientes Refinanzierungsinstrument ist.

Die Vorzüge von Verbriefungen schlagen sich seit einigen Jahren europaweit in deutlich steigenden Transaktionsvolumina nieder: Nach Berechnungen der Ratingagentur Moody's stieg das Gesamtvolumen aller Verbriefungstransaktionen im Jahr 2006 auf den Rekordwert von rund 550 Mrd. € an. Das Schwergewicht bildeten dabei vor allem großvolumige Verbriefungen von Immobiliendarlehen. Die bislang größte europäische gewerbliche Immobilienverbriefung kam aus Deutschland: Die Immobiliengesellschaft Deutsche Annington – eine Tochter des britischen Finanzinvestors Terra Firma – hatte in großem Umfang Wohnungsportfolios der Eon-Tochter Viterra gekauft und die Finanzierung über 5,4 Mrd. € unter dem Namen »Grand« verbrieft. Die Eurohypo war an der »Grand«-Transaktion gemeinsam mit Citigroup und Barclays als Joint-Arranger wesentlich beteiligt.

Neben ihrer beeindruckenden Größe ist die »Grand«-Transaktion zudem ein ermutigendes Indiz dafür, dass Verbriefungen nun endlich auch in Deutschland den Stellenwert erhalten, den sie im europäischen Ausland und in den USA bereits seit Jahren genießen: 12,8 Prozent des europäischen Verbriefungsmarktes entfielen im vergangenen Jahr auf Deutschland, nach 8,6 Prozent im Jahr 2005.

Mit ihren Verbriefungsplattformen »Opera« und »Semper« ist die Eurohypo Marktführer bei Verbriefungen in Europa. 2006 verbriefte die Bank in Europa Portfolio im Volumen von 5,6 Mrd. €, darunter erstmals auch drei großvolumige Transaktionen mit gewerblichen, deutschen Immobilienkrediten.

Verbriefung und Pfandbrief: Ergänzung statt Konkurrenz

Wenn der Darstellung der Vorzüge von Verbriefungstransaktionen an dieser Stelle relativ breiter Raum gegeben wurde, so bedeutet das freilich nicht, dass am Immobilienmarkt ein neues Produkt auf Kosten eines alten – des Pfandbriefs – installiert werden soll. Bei Verbriefung und Pfandbrief handelt es sich um einander ergänzende, nicht um konkurrierende oder sich sogar kannibalisierende Systeme. Beide haben ihren festen Platz in der Gesamtstrategie der Eurohypo, die die Bank unter dem Begriff »Buy-and-Manage« zusammenfasst.

Die Eurohypo bekennt sich weiterhin auch zur langfristigen Kreditvergabe. Diese ist nicht nur der traditionelle Geschäftszweck einer Bank sondern wird auch in Zukunft eine unverzichtbare Ertragsquelle bilden. Die Eurohypo unterscheidet sich deutlich von reinen Investmentbanken angelsächsischen Typs, indem sie auch weiterhin ihre

Bilanz zur Verfügung stellt. Für die Refinanzierung dieser Darlehen bleibt der Pfandbrief das Mittel erster Wahl: Erstklassige Ratings garantieren den Anlegern ein Höchstmaß an Sicherheit und der emittierenden Bank günstige Refinanzierungskonditionen. Mit der Schaffung des Jumbo-Segments vor nun beinahe zwölf Jahren hat sich das »Witwen-und-Waisen«-Papier von einst überdies zu einem hochliquiden und damit gerade auch für institutionelle Anleger überaus attraktiven Investment entwickelt.

Es kann allerdings nicht übersehen werden, dass der Pfandbrief – gerade auch aufgrund seines großen Erfolges – inzwischen in einem deutlich schärferen Wettbewerb mit anderen Produkten des internationalen Covered-Bond-Marktes steht. Die Globalisierung hat auch in der klassischen Immobilienbanken-Refinanzierung tiefgreifende Veränderungen ausgelöst. So liegen deutsche Jumbo-Pfandbriefe beispielsweise bei Neuemissionen bereits im zweiten Jahr in Folge hinter den Emissionen spanischer Cedulas.

Aber wie stets in seiner langen Erfolgsgeschichte arbeiten die deutschen Emittenten auch heute daran, das Premium-Produkt unter den deutschen Bankschuldverschreibungen weiter zu entwickeln und auf dem bereits erreichten hohen Niveau gegen den internationalen Wettbewerb weiter zu verbessern. Auf lange Sicht wird der deutsche Pfandbrief gerade in einem globalisierten, hochkompetitiven und transparenten Markt seine Qualitätsvorteile ausspielen.

Dass die Eurohypo neben dem klassischen Festzinskredit mit günstiger Pfandbriefrefinanzierung auch eine Vielzahl von kapitalmarktorientierten Finanzierungslösungen anbietet und damit quasi eine Mittlerfunktion zwischen Immobilien- und Kapitalmarkt einnimmt, ist im besten Wortsinn »Kundendienst«. Sowohl die Kunden der Bank als auch nationale sowie internationale Investoren sollen auch in Zukunft ganz nach ihren individuellen Ansprüchen aus dem Besten aus beiden Welten wählen können. Die Vielfalt der Produkte ist dabei ein Asset, das den deutschen Immobilienbanken einen entscheidenden Wettbewerbsvorteil vor ihren internationalen Konkurrenten verschafft.

VERÄNDERUNGEN AM PFANDBRIEFMARKT IM JAHR 2002

DR. LOUIS HAGEN

Hauptgeschäftsführer und Mitglied des Vorstands
des Verbandes deutscher Pfandbriefbanken (vdp)

Anlässlich seiner Amtseinführung als Präsident des damaligen Bundesaufsichtsamtes für das Kreditwesen am 1. Juli 2000 hatte Jochen Sanio festgestellt, dass die deutsche Kreditwirtschaft »von der permanenten Revolution im Finanzsektor zu einem immer schärferen Lauftempo getrieben« werde. Zwei Jahre später hatte sich daran nichts geändert. Im Gegenteil, beschwert durch die Auswirkungen der schlechten gesamtwirtschaftlichen Lage, die die Versäumnisse struktureller Anpassungen in der Kreditwirtschaft erbarmungslos offen legten, hatte sich die von den Kreditinstituten zu tragende Last unter Beibehaltung des Tempos noch erhöht.

So war 2002 für das gesamte deutsche Kreditgewerbe inklusive der damaligen Hypothekenbanken ein äußerst schwieriges Geschäftsjahr. Die wirtschaftlichen Auswirkungen der Terroranschläge in den USA erwiesen sich größer als angenommen, Bilanzierungsskandale sorgten für einen massiven Vertrauensverlust. Der Deutsche Aktienindex Dax verlor im Jahresverlauf knapp 44 %. Die nachhaltige Ertragserzielung der damaligen Hypothekenbanken stellte, bedingt durch das schwierige wirtschaftliche Umfeld auf Basis der damals gesetzlich bestimmten Geschäftsfelder, eine zunehmende Herausforderung dar: Das Deckungsgeschäft der Hypothekenbanken verlief in diesem Jahr enttäuschend. Die Talfahrt der Baukonjunktur in Deutschland setzte sich fort, sie ging einher mit einer Abschwächung der deutschen und europäischen Immobilienmärkte. Die Risikosituation im Geschäftsfeld Immobilienfinanzierung war entsprechend angespannt. Die Margen im Staatsfinanzierungsgeschäft konnten insbesondere im Inland nur als »unbefriedigend« bezeichnet werden. Eine sich verflachende Zinsstrukturkurve im Jahresverlauf kam erschwerend dazu. Das Darlehensvolumen der im damaligen VDH zusammen geschlossenen Banken ging im Immobiliensektor um 14,7 %, im Staatskreditsegment sogar um 18,5 % zurück.

Mit Blick auf die Turbulenzen an den Kapitalmärkten des Jahres 2002 war es gut, einen streng an den Grundsätzen des Gläubigerschutzes orientierten Rechtsrahmen wie den des Hypothekenbankgesetzes (HBG) zu haben. Und der Chronist hatte für das Jahr 2002 auch Erfreuliches zu berichten. So trat am 1. Juli 2002 die (zum vorletzten Mal) novellierte Fassung des Hypothekenbankgesetzes (HBG) in Kraft. Sie war von herausragender Bedeutung für die Sicherung der Wettbewerbsfähigkeit der Hypothekenbanken. Unter anderem wurde die Pfandbriefsicherheit ein weiteres Mal verbessert, da das Gesetz nunmehr die Indeckungnahme von Derivate zuließ und die jederzeitige barwertige Deckung der umlaufenden Pfandbriefe vorschrieb. Außerdem wurden durch diese Novelle die Geschäftsmöglichkeiten der Hypothekenbanken erweitert: sie konnten jetzt Staats- und Hypothekarkredite auch in den USA, Kanada und Japan vergeben, allerdings nur die Staatskredite auch über Pfandbriefe refinanzieren. Doch für die neue Eurohypo galt die Geschäftskreisbegrenzung ohnehin nicht: sie übernahm den so genannten gemischten Hypothekenbank-Status von einer ihrer Vorgängerinstitute, der 1871 gegründeten Mecklenburgische Hypotheken- und Wechselbank. Damit standen ihr – anders als den reinen Hypothekenbanken – alle Geschäfte offen, auch wenn sie, was die Pfandbriefemission anging, an die Vorschriften des HBG gebunden war. Mit der Fusion setzte sich darüber hinaus die Konsolidierung im Hypothekenbankensektor fort. So hatte der Verband deutscher Hypothekenbanken im Jahr 2002 nur noch 17 ordentliche Mitglieder gegenüber 24 zwei Jahre zuvor. Diese Konsolidierung führte zu einem zunehmenden Gewicht der gemischten Hypothekenbanken.

Der Zusammenschluss zur Eurohypo war so mit ursächlich für eine ungleich größere Reform des gesetzlichen Regelwerks zur Emission von Pfandbriefen. Denn das Regel-Ausnahme-Verhältnis zwischen reinen und gemischten Hypothekenbanken war mit vollzogener Fusion zunehmend gestört. Somit galt es, möglichst gleiche rechtliche Rahmenbedingungen für alle Hypothekenbanken zu schaffen. Mit Blick auf das beschlossene Ende der staatlichen Garantiemechanismen für die große Mehrzahl der öffentlich-rechtlichen Emittenten war dies für alle Pfandbriefemittenten umso dringlicher. So ist es wohl keine Übertreibung zu sagen, dass die Entstehung der heutigen Eurohypo Katalysator für die Schaffung einer einheitlichen Rechtsgrundlage für alle Pfandbriefemittenten in Deutschland war, die für den Pfandbrief und den Verband positive Wirkungen entfaltet hat. Hierbei stand für den damaligen VDH vor allem die Pfandbriefsicherheit im Vordergrund, und sie wurde erfolgreich verteidigt: das Pfandbriefgesetz, das am 19. Juli 2005 in Kraft trat, hat nach einhelliger Meinung die Pfandbriefsicherheit abermals verbessert.

Der Rentenmarkt des Jahres 2002 war – teils durch geopolitische Ereignisse – geprägt durch eine große Unsicherheit. Während es bis zum Frühjahr zu einer Fortsetzung des im Vorjahr beobachteten Renditeanstiegs kam, bei dem die Zinskurve verflachte, haussierten die Rentenkurse ab dem Ende des zweiten Quartals deutlich. Das ging mit erheblichen Renditeermäßigungen einher. Anfang Dezember senkte die EZB den Leitzins um 50 Basispunkte, je nach Laufzeit sanken die Renditen der Anleihen öffentlicher Schuldner zwischen 60 und 80 Basispunkten.

Pfandbriefe schlugen sich in diesem unruhigen Markt sehr wacker. Die damalige kritische Beurteilung der gesamtwirtschaftlichen Lage in Deutschland führte dazu, dass sich der so genannte Spread, also der Renditeabstand, zwischen Bundestiteln gleicher Restlaufzeit und Jumbopfandbriefen gegen Ende des Jahres von einem Niveau von zwischen 30 und 35 Basispunkten auf nur noch gut 20 Basispunkte verengte. Allerdings setzte sich im Jahr 2002 der Trend fort, dass Emittenten stärker als früher üblich einer individuellen Analyse unterzogen wurden, was auch innerhalb des Hypothekenbankensektors zu einer emittentenspezifischen Spread-Differenzierung führte. Diese war und ist aber weit weniger ausgeprägt als bei anderen Wertpapiersegmenten: ein einheitlicher Rechtsrahmen und die das Pfandbriefsegment kennzeichnende Homogenität sind nicht zu übersehende Pluspunkte.

Im Gegensatz zu den Pfandbrief-Bund-Spreads weiteten sich die Pfandbrief-Swap-Spreads insbesondere im fünf- bis zehnjährigen Laufzeitbereich aus. Lag der Spread Mitte des Jahres 2000 noch zwischen −5 und −10 bp, war dieser Wert zwei Jahre später bei +5 bp angelangt. Zurückzuführen war diese Entwicklung darauf, dass die Pfandbriefratings bei einer der Ratingagenturen aufgrund der sich verschlechternden Emittentenratings unter Druck geraten waren. Darüber hinaus wurde in Investorenkreisen über risikobehaftete Geschäfte von Hypothekenbanken im Außerdeckungsbereich, bei der so genannten Anlage verfügbarer Gelder, spekuliert.

Trotzdem oder gerade in dieser schwierigen Phase für die Kreditinstitute diente der Pfandbrief als stabiles und günstiges Refinanzierungsinstrument. Denn die Refinanzierungskosten über ungedeckte Schuldverschreibungen verteuerten sich in dieser

Phase um ein Vielfaches. Der Pfandbrief war 2002 eben das, was er in seiner über 230jährigen Geschichte schon immer war und bis heute ist ein Garant für Sicherheit und Qualität.

Zur Stabilität des Pfandbriefmarktes hat auch beigetragen, dass sich alle Hypothekenbanken damals freiwillig bereit erklärten, so genannte Wohlverhaltensregeln für die Emission von Jumbo-Pfandbriefen aufzustellen. Die Regelungen betrafen und betreffen u.a. Fragen des zeitlichen Vorlaufs vor Neuemissionen und Aufstockungen von Jumbo-Pfandbriefen, deren Bepreisung und die zu veröffentlichenden Informationen. Charakteristisch für die Qualität des Pfandbriefs war und ist das commitment der damaligen Hypotheken- und heutigen Pfandbriefbanken – keine andere Emittentengruppe bindet sich in gleicher Weise. In die selbe Kategorie der freiwilligen Bindung fiel die damalige Selbstbeschränkung bei der Anlage verfügbarer Gelder der Hypothekenbanken. Sie wurde erst durch das Inkrafttreten des Pfandbriefgesetzes obsolet.

Und so bleiben die Worte von Herrn Sanio von der permanenten Revolution im Finanzsektor auch nach sieben Jahren noch aktuell. Ziel der Pfandbriefbanken und ihres Verbandes muss es deshalb sein, sich dem Wandel der Zeiten anzupassen, ohne dabei die Pfandbriefsicherheit und die Position des Pfandbriefs als Benchmark auf dem inzwischen weltweiten Markt für Covered Bonds in Gefahr zu bringen. Für die letzten fünf Jahre ist dabei festzuhalten, dass uns diese Balance mehr als geglückt ist: trotz noch unruhigerer Zeiten ist der Pfandbrief heute sicherer als 2002.

Die Fortführung dieses Erfolges wünschen wir auch unserem Mitglied Eurohypo: möge es ihr weiter gelingen, die Chancen auf den Märkten erfolgreich zu nutzen. Und, in Abwandlung einer ihrer Werbe-Slogans: wir wissen nicht, welches die Pyramiden des 21. Jahrhunderts sein werden. Aber wir sind ziemlich sicher, die Eurohypo finanziert sie schon heute.

VON DEN SCHLESISCHEN LANDSCHAFTEN ZUR GRÜNDUNG DER EUROHYPO

Die Wurzeln der Eurohypo liegen zum Teil in der Schlesischen Landschaft – buchstäblich und im übertragenen Sinn. Denn das erste Institut, das Pfandbriefe ausgab, hieß Schlesische Landschaft. Die Idee war aus der großen Not nach dem Siebenjährigen Krieg (1756–1763) geboren und wurde auf eine Kabinettsordre von Friedrich dem Großen an seinen »lieben Etats-Ministre von Carmer« hin ausgearbeitet. Der »Vorschlag zu Abhelfung des Geldmangels unter dem Land-Adel« stammt ursprünglich von einem Berliner Kaufmann. Diederich Ernst Bühler hatte 1767 mit einer Denkschrift angeregt, Hypothekenbriefe auszugeben: So könne der Landwirtschaft mit Krediten, für die der beackerte Grund als Unterpfand diene, auf die Füße geholfen werden. Bereits 1770, also kaum drei Jahre später, mussten sich die Großgrundbesitzer Schlesiens zwangsweise zusammenschließen und die neue Form der Refinanzierung anwenden.

Es war ein Erfolgsmodell, auch wenn es fast ein Jahrhundert dauern sollte, bis 1862 die erste »reine« private Hypothekenbank entstand. Da die »älteren« Landschaften weder Tilgungsraten noch Laufzeiten für ihre Pfandbriefe festlegten, konnte man einzelne dieser Papiere noch nach dem Ersten Weltkrieg erwerben. Da war die Basis dieser ältesten mit Grundpfandrechten abgesicherten Schuldverschreibungen – das Ständesystem, die Rittergüter mit Leibeigenen – längst Geschichte. Geschichte waren die Zwangsmitgliedschaft, die Beschränkung auf ländliche, landwirtschaftliche Beleihungsobjekte und das persönliche Rechtsverhältnis zwischen Darlehensschuldner und Pfandbriefgläubiger, Geschichte war damit auch die Möglichkeit, nach Gutdünken und Kassenstand Schulden ganz oder teilweise zurückzuzahlen.

In ihrer Ausgestaltung glichen die Pfandbriefe der »älteren« Landschaften den heutigen Hypothekenbriefen.

All das war mit der preußischen Verfassung von 1850 unmöglich geworden. Die »neueren« Landschaften gaben Pfandbriefe aus, die nicht mehr unmittelbar mit Gründstücken des Inhabers besichert waren. Der Name blieb, aber das Haftungsmodell wurde umgestaltet. So konnten auch Dritte die Papiere erwerben. Pfandbriefe wurden zum Handelsgegenstand und eine Refinanzierungsform, die ursprünglich das Fehlen eines organisierten Geldmarkts ausgleichen sollte, schickte sich an, die Börse zu erobern.

Erste Gründungen

Im 19. Jahrhundert beginnen »unsere« Zeit und »unser« Zeitempfinden. Der Deutsche Zollverein verband ab 1834 die politisch zersplitterten Provinzen zu einem einheitlichen Wirtschaftsraum und führte zu einem gewaltigen Aufschwung. Gründerzeiten, unterbrochen von Gründerkrisen, lösten einander ab. Die Industrialisierung veränderte Räume und Gewohnheiten, die erste Eisenbahnlinie zwischen Nürnberg und Fürth wurde ab Dezember 1835 mit ihren kaum 30 Stundenkilometern zum Symbol einer Beschleunigung, die bis heute anhält. Hungersnöte und neue Arbeitsmöglichkeiten trieben immer mehr Menschen in die Städte, und die Bevölkerung wuchs. Bis zur Reichsgründung 1871 hatte sie sich in den deutschen Ländern gut verdoppelt. Die Städte mussten mitwachsen, für die vielen neuen Einwohner Wohnungen gebaut werden. Die Nachbarschaftshilfe beim Hausbau hatte unter den neuen sozialen Verhältnissen ausgedient.

Die neue Generation der Hypothekenbanken verdankt ihren Aufstieg nicht mehr dem Land, sondern den Städten, und je besser die Konjunktur sich entwickelte, desto mehr wurde das Geschäft zur Domäne der Privatbankiers. Zunächst waren es »gemischte« Realkreditinstitute: 1835 entstand in München die Bayerische Hypotheken- und Wechselbank, 1856 folgte die Allgemeine Deutsche Credit-Anstalt in Leipzig. Beide boten neben dem Hypothekargeschäft die üblichen Dienstleistungen einer Geschäftsbank an.

Am 8. Dezember 1862 nahm dann mit der Frankfurter Hypothekenbank das erste »reine« Realkreditinstitut den Betrieb auf, dicht gefolgt von der am 13. Dezember 1862 eröffneten Deutschen Hypothekenbank mit Sitz im thüringischen Meiningen. Sie sind wie einst die Schlesische Landschaft Vorreiter ökonomischer Neuerungen und Vorläuferinstitute der Eurohypo. Beide wurden als Aktiengesellschaften an der Börse zugelassen, für die damalige Zeit ein ungewöhnlich liberaler Vorgang, zu liberal jedenfalls für den preußischen Staat. Das Schwergewicht unter den deutschen Staaten wollte keine Konkurrenz zum etablierten landschaftlichen Bodenkreditsystem – der Boom der Bodenkredite brachte die Staatsanleihen in Bedrängnis und tangierte damit handfeste öffentliche Interessen. Zudem wuchsen mit den ausgeliehenen Summen die Bedenken, ob das System stabil genug war.

Normativbestimmungen

Eine strenge staatliche Aufsicht sollte mehr Sicherheit schaffen und im Nebeneffekt auch die staatlichen Interessen schützen. In diesem Sinn wurden am 23. Juni 1863 die »Normativbestimmungen« erlassen. Mit ihren Bilanzierungs- und Publizitätsvorschriften

FRANKFURTER HYPOTHENKENBANK

GRÜNDUNGSJAHR:	**1862**
GRÜNDUNGSORT:	**Frankfurt am Main**
GRÜNDUNGSMITGLIEDER:	**Bankhaus Gebrüder Bethmann, Frankfurt am Main** **Bankhaus von Erlanger & Söhne, Frankfurt am Main** **Bankier Carl von Frisching**
ERSTE VORSTANDSMITGLIEDER:	**Dr. Schmidt-Holzmann**
ERSTER AUFSICHTRATSVORSITZENDER:	**Baron Raphael von Erlanger**

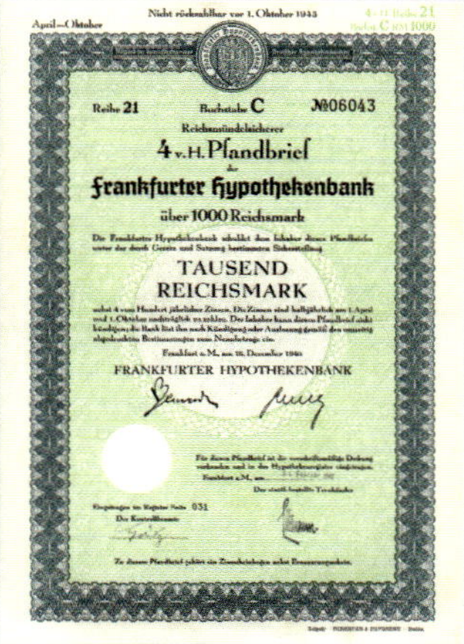

Das älteste »reine« Hypothekenbankinstitut in Deutschland spielte nicht nur aufgrund seines Alters, sondern ebenfalls durch die hohe Popularität seiner Gründer, eine herausragende Rolle.

Das Bankhaus »Gebrüder Bethmann« wurde bereits 1748 in Frankfurt am Main gegründet. Zu den Kunden hatte unter anderem der Dichter Johann Wolfgang von Goethe gezählt, mit dem die Bethmanns Jahrzehnte lang in Verbindung standen.

Die prägenste Figur der Bank war wohl Staatsrat Simon Moritz von Bethmann, der während der napoleonischen Ära die Geschäfte der Bank leitete und Königen und Fürsten durch Anleihen zum benötigten Geld verhalf. Alles, was Rang und Namen hatte, verkehrte in seinem Haus.

Ihm folgte ab 1832 sein Sohn Moritz Freiherr von Bethmann (eigentlich Philipp Heinrich Alexander Moritz), der zusammen mit seinem Bruder Alexander von Bethmann zu den treibenden Kräften gehörte, die 1862 die »Frankfurter Hypothekenbank« gründeten.

Die Bankgeschäfte der Bethmanns erstreckten sich über ganz Europa. Sie unterhielten enge Geschäftsbeziehungen zu den wichtigsten Bankhäusern, wie dem von Raphael Erlanger. So kam es, dass das Bankhaus Erlanger & Söhne zu den Gründungsinstituten gehörte.

DEUTSCHE HYPOTHENKENBANK

GRÜNDUNGSJAHR:	**1862**
GRÜNDUNGSORT:	**Meiningen**
GRÜNDUNGSMITGLIEDER:	**Mitteldeutsche Creditbank AG, Meiningen** **Bankhaus W. F. Jäger, Frankfurt am Main** **Bankhaus S. Sulzbach, Frankfurt am Main**
ERSTE VORSTANDSMITGLIEDER:	**Dr. Edouard von Oberländer** **Karl Theodor Nollenberger**
ERSTER AUFSICHTRATSVORSITZENDER:	**Emil Albert Hoßfeld**

Die zweitälteste private und »reine« Hypothekenbank in Deutschland hat während ihrer Geschichte viele Ortswechsel zu verzeichnen gehabt. Schon der Gründungsort war streng genommen nur eine Option. So hätten die bekannten Frankfurter Bankhäuser Jäger und Sulzbach lieber eine Gründung in Frankfurt am Main gesehen, als im kleinen und beschaulichen Städtchen Meiningen.

1938 wurde der Sitz der Bank nach Weimar verlegt, wo schon seit 1929 der Sitz der Hauptverwaltung eingerichtet war.

Nach der Zerstörung des Weimarer Bankgebäudes und der Enteignung durch die Sowjetische Militär-Administration im Jahre 1945 konnte die »Deutsche Hypothekenbank« ihre Geschäfte ab 1948 in Bremen weiterführen.

Durch die Verschmelzung mit der Sächsischen Bodencreditanstalt 1972 kam Frankfurt am Main als zweiter Hauptverwaltungssitz hinzu, was sich 1980 mit der Erweiterung des Firmennamens in »Deutsche Hypothekenbank Frankfurt-Bremen AG« niederschlug.

Ab 1989 trug die Bank nur noch den Frankfurter Sitz in ihrem Namen.

Neun Jahre später, im Zuge der Verschmelzung mit den Hamburger Töchtern der Dresdner Bank, sollte die Bank schließlich Deutsche Hyp Deutsche Hypothekenbank Frankfurt-Hamburg AG heißen.

gelten sie als entscheidender Vorläufer des am 1. Januar 1900 in Kraft getretenen Hypothekenbankgesetzes. Andererseits schränkten sie die Spielräume vor allem bei der zulässigen Beleihungshöhe einzelner Objekte so stark ein, dass die Gründung weiterer Institute massiv erschwert wurde; 20 neue Hypothekenbanken entstanden bis zur Reichsgründung 1871. Erst dreißig Jahre nach Erlass – am 25. Juni 1893 – konnte sich Preußen bzw. das inzwischen gegründete Deutsche Reich zu einer Lockerung der Normativbestimmungen durchringen.

Aber natürlich benötigten Banken auch in den anderen deutschen Ländern eine Konzession und auch dort erscholl der Ruf nach staatlicher Aufsicht, vor allem über Aktiengesellschaften. Die Rechtsform erschien den Zeitgenossen als hochriskant. Solchen Forderungen trugen die Institute ihrerseits Rechnung, die freiwillige Unterwerfung unter die Staatsaufsicht gehört zu den auffälligsten Merkmalen in den älteren Gründungsstatuten. So lautet Paragraf 50 in dem entsprechenden Dokument der Frankfurter Hypothekenbank:

> »Die Hypothekenbank steht unter der Oberaufsicht des Staats. Die Staatsbehörde hat jederzeit das Recht, durch abgeordnete Commissäre von dem Geschäftsstand der Hypotheken-Bank Auskunft zu erheben und von den Protokollen, Büchern und Rechnungen in den Bureaux der Hypotheken-Bank Einsicht zu nehmen.«

Es konnte ja auch kaum anders sein: Das wirtschaftlich neue Phänomen der Bodenkredite war zunächst nicht staatlich reguliert, es dauerte eine Weile, bis gesetzliche Vorschriften Form annahmen. Deswegen kam den Statuten zusammen mit der Konzessionserteilung die Funktion zu, wichtige Parameter wie Unternehmensverfassung, Geschäftsbetrieb, Beleihungsgrundsätze sowie Ausstattung und Deckung der Schuldverschreibungen öffentlich verbindlich festzulegen. Beide, Statuten und erteilte Konzession, wurden amtlich bekannt gemacht und übernahmen die rechtliche Orientungsfunktion, die allein die Obrigkeit zu diesem Zeitpunkt nicht leisten konnte. Aber in der Diskussion zwischen Behörden und Instituten bildeten sich bis heute gültige Grundsätze heraus, darunter das Deckungs- und Gleichgewichtsprinzip, die Umlaufgrenze und die Begrenzung des Geschäftskreises, also das Prinzip der »reinen« Hypothekenbank.

Jahrhundertwende, Zeitenwende

Kurz vor der Gründung des »Deutschen Reiches« wurde in Berlin 1870 eine weitere wichtige Vorläuferbank der Eurohypo gegründet: die Preußische Central-Bodencredit-Actiengesellschaft, und in dem einen wie dem anderen Fall stand der am 23. September 1862 zum preußischen Ministerpräsidenten ernannte Otto von Bismarck Pate. Bismarck war an dem Realkreditinstitut interessiert, weil das Kreditsystem in immer größerem Umfang für die Finanzierung industrieller Großprojekte gebraucht wurde. Der beispiellose wirtschaftliche Aufschwung nach der Reichsgründung hätte das friedericianische System der Landschaften ohnehin endgültig überdehnt, zumal es vom Ansatz her regional strukturiert war.

Die Reichsgründung 1871 war eine Art Initialzündung: Die Wirtschaft, die Städte, die Bevölkerung, das Volksvermögen im Ganzen wie das Vermögen vieler Einzelner wuchsen explosionsartig. Es war ein Boom, wie man ihn in der »verspäteten Nation« noch nie erlebt hatte, angeheizt von einer freihändlerischen Handelspolitik, die auf ihrem Höhepunkt 1873 die Zölle auf Roheisen, Rohstahl und Schiffe vollständig abschaffte. Während dieser Hochphase kam es zu einer zweiten Gründungswelle von Hypothekenbanken, in der mit der 1871 erfolgten Gründung der Rheinischen Hypothekenbank ebenfalls ein wichtiges Vorläuferinstitut der Eurohypo entstand. Außerdem konnten die Hypothekenbank in Hamburg und die Mecklenburgische Hypotheken- und Wechselbank im gleichen Jahr das Licht der Welt erblicken.

Wo viel Licht ist, da ist viel Schatten: 1873 war auch das Jahr des Börsenkrachs, der der überhitzten Konjunktur einen herben Dämpfer versetzte und den Beginn der ersten Gründerkrise markiert.

Die Aufhebung der innerdeutschen Grenzen hatte den Hypothekenbanken wie den meisten anderen Branchen erlaubt, ihre Aktivitäten auf das gesamte Reichsgebiet auszudehnen. Sie expandierten und finanzierten den gewaltigen Bedarf an Wohnungen und stellten Fremdfinanzierungsmittel für den Wohnungsbau bereit. Vor dem Ersten Weltkrieg wurde dieser Bedarf in erster Linie von den Hypothekenbanken gedeckt. Noch heute zeugen die Gründerzeitviertel von der Dynamik jener Tage: Kaum eine deutsche Stadt, die ihre Fläche zwischen 1871 und 1899 nicht verdoppelt, verdrei-, vervielfacht hätte. Und oft genug tragen diese Viertel noch heute den Namen Neustadt, obwohl sie wegen der im Bombenkrieg untergegangenen Altstädte in der Regel die älteste Bausubstanz aufweisen.

Die Gründerkrise von 1873 erreichte die Immobilienbranche mit Verzögerung erst zwei Jahre später. Während viele Aktiengesellschaften nach der schweren Wirtschaftskrise zusammenbrachen und die Kurse der Aktien und Industrieobligationen fielen, stiegen die Kurse für Pfandbriefe. Zum ersten Mal zeigte sich – als erste Bewährungsprobe in der Krise –, dass das Rentenpapier deutliche Vorzüge gegenüber der Aktie haben konnte: ein gleich bleibender Zins und ein stabiler Kurs. Erst die sog. »Immobilienkrise« 1875 stoppte diese kurze Hochphase. Eine teilweise spekulative Praxis zwang so manches Institut, in größerem Umfang Beleihungsobjekte Zwangs zu versteigern. Hypothekarkredite wurden vielerorts ohne die Prüfung genügender Eigenkapitalmittel vergeben. Pleiten und Konkurse und eine erste Konzentrationswelle waren die Folge, und erst um 1880 geriet die Branche wieder in ruhigeres Fahrwasser. Wer überlebt hatte, profitierte vom Sicherheitsbedürfnis der Menschen, die ihr gerettetes Kapital vorzugsweise in hypothekarische Werte anlegten. Nach einigen Jahren

DEUTSCHE CENTRALBODENKREDIT-AKTIENGESELLSCHAFT

GRÜNDUNGSJAHR: **1870**

GRÜNDUNGSORT: **Berlin**

GRÜNDUNGSMITGLIEDER:
Bankhaus M.A. von Rotschild und Söhne, Berlin
Bankhaus Sal. Oppenheim, Köln
Disconto-Gesellschaft, Berlin
Bankhaus S. Bleichröder, Berlin

ERSTE VERWALTUNGSRATSMITGLIEDER:
Adolph Hansemann (Präsident)
Abraham von Oppenheim
Gerson Bleichröder
Freiherr Meyer Carl von Rothschild
Baron Alphonse de Rothschild
Louis Frémy
Vertreter der Preußischen Staatsaufsicht
Vertreter der Preußischen Verwaltung
Vertreter der Grundbesitzer

Die »Preußische Central-Bodenkredit-Aktiengesellschaft« bekam eine Präsidialverfassung (bis 1906), war also nach einer monistischen Führungsstruktur, wie man sie heute in den USA oder Frankreich kennt, organisiert. Der Präsident war somit nicht nur der Vorsitzende der Direktion, sondern auch Vorsitzender des Verwaltungsrats.

Die Bank war in ihrem Aktivgeschäft nicht den »Normativbestimmungen« von 1863 unterworfen.

1930 fusionierte die »Preußische Central-Bodenkredit-Akiengesellschaft« mit der »Preußischen Pfandbrief-Bank« zur »Deutsche Centralbodenkredit-Aktiengesellschaft« und bildete damit die erste Hypothekengroßbank im Deutschen Reich.

RHEINISCHE HYPOTHEKEN-BANK

GRÜNDUNGSJAHR:	**1871**
GRÜNDUNGSORT:	**Mannheim**
GRÜNDUNGSMITGLIEDER:	**Rheinische Creditbank, Mannheim** **Friedrich Reiß, Mannheim** **Moritz Lenel, Mannheim** **Simon Hartogensis, Mannheim** **Carl Eckhard, Mannheim**
ERSTE VORSTANDSMITGLIEDER:	**Dr. Felix Hecht** **Casimir Walter**
ERSTER AUFSICHTRATSVORSITZENDER:	**Ferdinand Scipio**

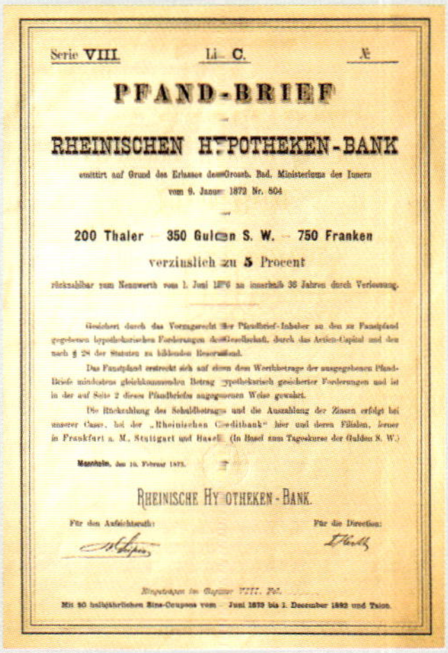

Serie VIII. Lit. C. №

PFAND-BRIEF

der

RHEINISCHEN HYPOTHEKEN-BANK

emittirt auf Grund des Erlasses des Grossh. Bad. Ministeriums des Innern vom 9. Januar 1872 Nr. 804

200 Thaler – 350 Gulden S. W. – 750 Franken

verzinslich zu 5 Procent

rückzahlbar zum Nennwerth vom 1. Juni 1876 an innerhalb 36 Jahren durch Verloosung.

Gesichert durch das Vorzugsrecht der Pfandbrief-Inhaber an den zu Faustpfand gegebenen hypothekarischen Forderungen der Gesellschaft, durch das Actien-Capital und den nach § 28 der Statuten zu bildenden Reservefond.

Das Faustpfand erstreckt sich auf einen dem Werthbetrage der ausgegebenen Pfand-Briefe mindestens gleichkommenden Betrag hypothekarisch gesicherter Forderungen und ist in der auf Seite 2 dieses Pfandbriefes angegebenen Weise gewahrt.

Die Rückzahlung des Schuldbetrags und die Auszahlung der Zinsen erfolgt bei unserer Casse, bei der „Rheinischen Creditbank“ hier und deren Filialen, ferner in Frankfurt a. M., Stuttgart und Basel. (In Basel zum Tageskurse der Gulden S. W.)

Mannheim, den 16. Februar 1873.

RHEINISCHE HYPOTHEKEN-BANK.

Für den Aufsichtsrath: Für die Direction:

Eingetragen im Register VIII. Fol.

Mit 20 halbjährlichen Zins-Coupons vom 1. Juni 1873 bis 1. December 1882 und Talon.

In ihrer Festschrift zum 25jährigen Jubiläum aus dem Jahr 1896, äußerte sich die Bank über die Allgemeinverpflichtung eines Unternehmens:

»WIR WAREN STETS DER ÜBERZEUGUNG, DASS DIE AUFFASSUNG UNRICHTIG IST, ALS OB EINE AKTIENGESELLSCHAFT ALS ERWERBS-INSTITUT IN JEDER EINZELNEN GESCHÄFTLICHEN OPERATION LEDIGLICH DEN ERWERBSSTANDPUNKT EINNEHMEN KÖNNE ODER MÜSSE. (...) INDEM WIR DIESE ANSCHAUUNGEN (...) TATSÄCHLICH ZUR GELTUNG BRACHTEN, HABEN WIR IN DEN SACHKUNDIGEN UND UNBEFANGENEN KREISEN DES LANDES UNS JENE SYMPATHIE ERWORBEN UND ERHALTEN, DEREN WIR UNS HEUTE ERFREUEN.«

Die hier geäußerten Prinzipien haben sicher dazu beigetragen, dass die Bank seit ihrer Gründung bis in das Jahr 2002 als nahezu eigenständiges Unternehmen bestehen konnte und bis dahin als die »klassischste« unter den privaten Hypothekenbanken galt.

So konnte die Verschmelzung mit der Westdeutschen Bodenkreditanstalt, wie die »Rheinhyp« auch ein Tochterunternehmen der Commerzbank, 1974 erfolgreich vollzogen werden.

kontinuierlicher Entwicklung setzte ab 1890 der nächste Aufschwung ein, allein der Absatz von Pfandbriefen stieg bis 1899 um fast das doppelte im Vergleich zum vorherigen Jahrzehnt, und bis 1914 wurden Umlaufziffern von rund 11 Mrd. Mark erreicht. Überhaupt gehören die Anlage in sparintensive Titel und das Sicherheitsbedürfnis der Deutschen zu den Grundpfeilern des Erfolgs der Hypothekenbanken.

Hypothekenbankgesetz

Die wohl wichtigste Neuerung zum 1. Januar 1900 für die damals bestehenden 40 Hypothekenbanken (darunter elf »gemischte« Institute) mit ihrem Darlehensbestand von 5,9 Mrd. Mark war juristischer Natur: Gleichzeitig mit dem Bürgerlichen Gesetzbuch (BGB) trat das Hypothekenbankgesetz (HBG) in Kraft. Die »Bodencreditanstalten« wurden damit direkt der Kontrolle des obersten Organs im Reich, dem Bundesrat, unterstellt. Hier spiegelte sich die Überzeugung des Gesetzgebers wider, dass durch den Geschäftsbetrieb der Hypothekenbanken das öffentliche Interesse in weitaus höherem Maße berührt würde, als dies durch andere private Kreditunternehmen der Fall war.

Das Hypothekenbankgesetz fasste die Bestimmungen und Prinzipien für die Bodenkreditinstitute zusammen, die zuvor in den jeweils eigenen Statuten und teilstaatlichen Normativbestimmungen ausgeführt waren und präzisierte vor allem das so genannte »Spezialprinzip«, also den ausschließlichen Geschäftszweck »reiner« Hypothekenbanken. Dieser Geschäftszweck beinhaltet die Gewährung von Hypotheken, die Emission von Pfandbriefen zur Refinanzierung und die Vergabe von Kommunaldarlehen.

Dunkle Schatten

Das HBG kam in gewisser Weise zu spät. Langfristig hat es sich positiv ausgewirkt; schon seine lange Geltungsdauer (erst 2005 wurde es vom Pfandbriefgesetz abgelöst) zeigt, dass es seinen Zweck gut erfüllt hat. Kurzfristig aber konnte auch mithilfe des neuen gesetzlichen Instrumentariums eine erneute Rezession nicht verhindert werden. Der anhaltende Bauboom hatte zu überhöhten Beleihungswerten verführt, die sich für zehn Institute (im Verbund mit den betrügerischen Handlungen einzelner Vorstände) als katastrophal erwiesen. Die Deutsche Grundschuldbank musste Konkurs anmelden, neun weitere Kreditanstalten gerieten in arge finanzielle Bedrängnis, reduzierten das Stammkapital und muteten den Pfandbriefkunden hohe Zinsverluste zu. Dieser damals schon so gesehene »institutionelle Reinigungsprozess« zog eine schwere Vertrauenskrise nach sich. Manche sahen die Ursache in den Bestimmungen des HBGs, eine erst aus historischer Perspektive haltlose Schuldzuweisung, und forderten eine wesentlich strengere Reglementierung bis hin zur Verstaatlichung. Damit machten sich schon Tendenzen bemerkbar, die in Deutschland bis zum Ausbruch des ersten Weltkrieges immer klarer hervorbrechen sollten: Der fortschrittsgläubige Liberalismus der ersten Gründerzeit hatte – zumindest vorläufig – seine Strahlkraft verloren.

Trotz aller heraufziehender Schatten muss jedoch festgehalten werden, dass sich für Politik und Staat im Deutschen Kaiserreich die Hypothekenbankinstitute zu einem unentbehrlichen Instrument der Modernisierung entwickelten. Sie fungierten als Sammelstellen des zeitweise hohen Sparvolumens der Bevölkerung und profitierten von der allgemein hohen Nachfrage nach Pfandbriefen.

Die Hypothekenbanken im Zeitalter der Krisen

Der Erste Weltkrieg brachte die Bautätigkeit weitgehend zum Erliegen, der Wohnungsbestand stagnierte, das Hypotheken-Neugeschäft brach zusammen. Zudem monopolisierte der Staat die Geldkapitalnachfrage, alle Mittel flossen in den Krieg und die Hypothekenbanken wurden in dessen Finanzierung eingebunden. Die Vorstände stellten aus den Beständen Pfandbriefe als Sicherheit für Auslandskredite zur Verfügung, mit denen Rohstoffe und Lebensmittel eingeführt wurden. Statt der Pfandbriefe hatten die Banken bald überwiegend Papiergeld im Depot, kein guter Tausch angesichts der schon während des Krieges einsetzenden Inflation. Außerdem wirkten die Hypothekenbanken bei der Unterbringung und Zeichnung von Kriegsanleihen mit. Sie versuchten, die in den Grundstückswerten gebundene Kaufkraft für Kriegsanleihen zu mobilisieren, indem sie den Erwerb von 5 %igen Kriegsanleihen durch die Gewährung von 4,5 %igen Kriegsanleihe-Hypotheken finanzierten.

Der Mangel an Beleihungsobjekten, Arbeitskräften und Baumaterial verknappte den Wohnraum so stark, dass sich die Wohnungsnot nur noch mit einer Zwangsbewirtschaftung verwalten ließ. Somit mussten die Hypothekenbanken zwar die Kriegslasten mittragen, konnten aber im Gegensatz zu anderen Branchen nicht von der Kriegskonjunktur profitieren. Der Staat griff überdies, um den sozialen Druck abzumildern, in ihre Gläubigerrechte ein: Zum Beispiel wurde es schwierig, gegen säumige Zinszahler vorzugehen.

Diese hier erlassenen Verordnungen behielten teilweise bis zum Ende des Zweiten Weltkriegs ihre Gültigkeit.

Obwohl der Kaufkraftverlust bis 1918 bereits bei 50 % lag, verschlossen die Verantwortlichen seltsam lange die Augen vor der Geldentwertung. Erst 1923, als die deutsche Währungseinheit nur noch den billionsten Teil ihres früheren Wertes hatte und es für wirksame Gegenmaßnahmen längst zu spät war, gab die Regierung den Grundsatz »Mark ist gleich Mark« auf und kam endlich auch den Hypothekenbanken mit gesetzgeberischen Maßnahmen zu Hilfe.

Es war schon eine Zwickmühle der besonderen Art: Einer trotz sinkendem Geldwert relativ hohen Nachfrage nach Pfandbriefen standen Darlehensbestände gegenüber, die sich mit hoher Geschwindigkeit auflösten. Nie hatte man ein Haus schneller abbezahlt als damals! Die Pfandbriefbesitzer aber hielten ihre Papiere, wollten sie sich doch nicht mit wertlosem Geld abfinden lassen. 60 Jahre nach der Gründung der ersten

HYPOTHEKENBANK IN HAMBURG

GRÜNDUNGSJAHR:	1871
GRÜNDUNGSORT:	Hamburg
GRÜNDUNGSMITGLIEDER:	Vereinsbank in Hamburg, Hamburg Bankhaus Haller, Söhle & Co., Hamburg Berliner Handels-Gesellschaft, Berlin Preußische Hypotheken-Versicherungs-Actien-Gesellschaft, Berlin
ERSTE VORSTANDSMITGLIEDER:	Heinrich Johann Geysmer Friedrich Hauswedell
ERSTER AUFSICHTRATSVORSITZENDER:	J. W. Lübbers

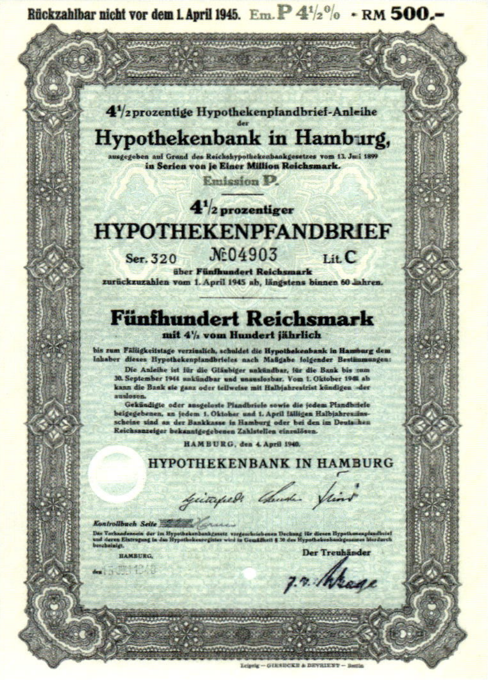
Rückzahlbar nicht vor dem 1. April 1945. Em. P 4½% - RM 500.-

4½ prozentige Hypothekenpfandbrief-Anleihe
der
Hypothekenbank in Hamburg,
ausgegeben auf Grund des Reichshypothekenbankgesetzes vom 13. Juli 1899
in Serien von je Einer Million Reichsmark.
Emission P.

4½ prozentiger
HYPOTHEKENPFANDBRIEF
Ser. 320 №04903 Lit. C
über Fünfhundert Reichsmark
zurückzuzahlen vom 1. April 1945 ab, längstens binnen 60 Jahren.

Fünfhundert Reichsmark
mit 4½ vom Hundert jährlich

bis zum Fälligkeitstage verzinslich, schuldet die Hypothekenbank in Hamburg dem Inhaber dieses Hypothekenpfandbriefes nach Maßgabe folgender Bestimmungen:

Die Anleihe ist für die Gläubiger unkündbar, für die Bank bis zum 30. September 1944 unkündbar und unauslosbar. Vom 1. Oktober 1944 ab kann die Bank sie ganz oder teilweise mit Halbjahresfrist kündigen oder auslosen.

Gekündigte oder ausgeloste Pfandbriefe sowie die jedem Pfandbriefe beigegebenen, an jedem 1. Oktober und 1. April fälligen Halbjahreszinsscheine sind an der Bankkasse in Hamburg oder bei den im Deutschen Reichsanzeiger bekanntgegebenen Zahlstellen einzulösen.

HAMBURG, den 4. April 1940.

HYPOTHEKENBANK IN HAMBURG

Kontrollbuch Seite

Das Vorhandensein der im Hypothekenbankgesetz vorgeschriebenen Deckung für diesen Hypothekenpfandbrief und deren Eintragung in das Hypothekenregister wird in Gemäßheit § 30 des Hypothekenbankgesetzes hierdurch bescheinigt.

HAMBURG, den

Der Treuhänder

Leipzig – GIESECKE & DEVRIENT – Berlin

Die Hypothekenbank in Hamburg ist als Aktiengesellschaft des alten hamburgischen Rechts gegründet worden. Nach diesem Recht benötigte sie weder für die Gründung noch für die Satzung eine staatliche Genehmigung.

Initiator der Bank war der bekannte Bankier Dr. Otto Hübner, der 1862 schon die Preußische Hypotheken-Versicherungs-Actien-Gesellschaft, Berlin (später: Preußische Pfandbrief-Bank) gegründet hatte.

Die Bank bildete nach 1866 »eine Insel inmitten preußischen Gebiets« und konnte das Beleihungsgeschäft in Preußen betreiben, ohne jedoch den preußischen »Normativbestimmungen« unterworfen zu sein.

MECKLENBURGISCHE HYPOTHEKEN- UND WECHSELBANK

GRÜNDUNGSJAHR:	**1871**
GRÜNDUNGSORT:	**Schwerin**
GRÜNDUNGSMITGLIEDER:	**Deutsche Bank, Berlin**
	Berliner Bankverein, Berlin
	Bankhaus Delbrück Leo & Co., Berlin
	Norddeutsche Bank, Hamburg
	Bankhaus Heinrich Küstner & Co., Leipzig
	von Oertzen, Kotelow
	Dr. Floerke, Grabow
	Eduard Freiherr von der Heydt, Berlin
ERSTE VORSTANDSMITGLIEDER:	**Hermann Spielhagen**
	Ludwig Karrig
	Wilhelm Goepel
ERSTER AUFSICHTRATSVORSITZENDER:	**Eduard Freiherr von der Heydt**

Januar/Juli 4% • Reichsmark 1000.– XVIII F

Emission XVIII Lit. F №02767

4 v. H.
Schuldverschreibung
der
Mecklenburgischen
Hypotheken- und Wechselbank
über
1000 Reichsmark

Eintausend Reichsmark

Schwerin i. M., den 1. September 1941.
Mecklenburgische
Hypotheken- und Wechselbank
Der Vorstand

Die Statuten der »Mecklenburgische Hypotheken- und Wechselbank« gestatteten dem Kreditinstitut

»DAS HYPOTHEKENGESCHÄFT, DIE GEWÄHRUNG VON KOMMUNALDARLEHEN, DIE HERGABE VON KURZFRISTIGEN KREDITEN, DIE DISKONTIERUNG VON WECHSELN, DIE AUSGABE VON PFANDBRIEFEN UND KOMMUNALOBLIGATIONEN SOWIE DIE ANNAHME VON EINLAGEN, DAS WERTPAPIERGESCHÄFT UND ALLE ANDEREN BANKGESCHÄFTE«.

Sie kann somit nach dem Sprachgebrauch des später erlassenen Hypothekenbankgesetzes als eine »gemischte« Hypothekenbank definiert werden.

Interessant ist sicherlich, dass die Bank nach Gründung der DDR 1949 ihren Sitz zunächst nach Köln verlagerte (Verlagerungssitz). 1964 verlegte sie ihren aktienrechtlichen Sitz von Lübeck nach Hamburg und änderte ihren Firmennamen in »Norddeutsche Hypotheken- und Wechselbank«.

Hypothekenbanken mussten die Institute feststellen, dass sie nichts mehr zum Verkaufen hatten. Erich Achterberg, Autor der Jubiläumsschrift zum 100jährigen Bestehen der »Deutschen Hypothekenbank«, schreibt zu diesen damaligen Verhältnissen:

> »Hypothekenbanken leben normalerweise aus der Spanne zwischen Darlehens- und Schuldverschreibungszinsen. Wenn sich die Erträge daraus entwerten und der prozentuale Satz der Spanne nicht entsprechend steigt, muss die Rentabilität des Hypothekeninstituts aufhören, sofern die die von ihr zu tragenden Unkosten mit der Entwertung wachsen.«

Werthaltig waren nur noch ihre eigenen Immobilien – ein grotesker, existenzbedrohender Substanzverlust. In der Festschrift zum 75jährigen Bestehen der Deutschen Hypothekenbank schrieb deren Autor, am Ende hätte das

> »gesamte Vierteljahres-Zinsensoll einer noch so grossen Hypothekenbank nicht mehr den Wert eines Briefportos decken«

können.

Interessen- und Gemeinschafts-gruppenbildungen

Die Branche reagierte mit einer Form der Selbsthilfe, die sich in Krisensituationen immer wieder beobachten lässt: Zusammenschlüsse und Konzentrationsbestrebungen. Um die selbstständige Ausgestaltung des Geschäfts zu erhalten, bildeten die Banken in diesem Fall Interessengemeinschaften. Das war, auch wenn es vorher schon zu kleineren Beteiligungen gekommen war, etwas vollkommen Neues und sollte den Ausverkauf der Unternehmenssubstanz verhindern: Wegen der Inflation waren die Aktienkurse extrem niedrig und entsprechend groß die Gefahr, dass der Geschäftsleitung feindlich gegenüberstehende Käufer Mehrheiten erwerben würden.

Es waren im Wesentlichen drei Interessengemeinschaften, an denen naturgemäß auch die Vorläuferinstitute der Eurohypo beteiligt waren. Die bereits erwähnte Deutsche Hypothekenbank vereinbarte mit der Preußische Boden-Credit-Actienbank am 16. März 1921 vertraglich die Gemeinschaftsgruppe Deutscher Hypothekenbanken. Ihr traten bis zum 21. Mai 1924 fünf weitere Banken bei, darunter die Eurohypo-»Ahnen« Mecklenburgische Hypotheken- und Wechselbank, Schwerin, und Westdeutsche Bodenkreditanstalt, Köln. Die Gemeinschaftsgruppe Deutscher Hypothekenbanken bestand bis zum Ende des Zweiten Weltkriegs. Um sich gegen dieses Schwergewicht behaupten zu können, schlossen sich 1923 mehrere süddeutsche Institute zur Arbeitsgemeinschaft Süddeutscher Hypothekenbanken zusammen, die sich jedoch schon 1926 wieder auflöste. An ihr waren gleich drei Vorgänger der Eurohypo beteiligt: die Rheinische, die Pfälzische und die Frankfurter Hypothekenbank.

Die dritte wichtige Interessengemeinschaft wurde ebenfalls im Jahr 1923 unter maßgeblichem Einfluss der bereits erwähnten Eurohypo-Vorgängerin Preußische Central-Bodencredit-Actiengesellschaft gegründet und auf den Namen Deutsche Central-Bodenkredit-Vereinigung getauft. Ihr vorrangiger Zweck war die Pflege des Kommunalkreditgeschäfts.

Verschmelzungen waren anfangs noch selten. Nur die Schwarzburgische Hypothekenbank aus Sondershausen und die Deutsche Grundcredit-Bank mit Sitz in Gotha wagten diesen Schritt bereits 1921. Die Schwierigkeiten einer Verschmelzung waren damals für Hypothekenbanken aufgrund der besonderen Rechtslage größer als für Aktiengesellschaften anderer Branchen, ein Zusammengehen beschränkte sich daher auf so genannte Verschachtelungen. Die Begründung: Man ging davon aus, dass sich zwei Vermögensmassen, die mit der Verschmelzung zusammengeführt werden müssen, in ihrer Qualität unterscheiden und den Gläubigern des besseren Pakets durch die Hinzufügung des schlechteren unzumutbare Nachteile entstehen. Außerdem kollidierten nach damaligem Verständnis die Vorschriften des Hypothekenbankgesetzes mit denen des Handelsgesetzbuches. Denn nach HBG war nur eine einheitliche Deckungsmasse zulässig, nach HGB jedoch die zeitweilige Weiterführung in getrennten Vermögensmassen gefordert.

Sicher haben nicht nur diese rechtlichen Vorbehalte dazu geführt, dass die Banken der Interessen- und Gemeinschaftsgruppen keine Verschmelzungen anstrebten und es auch bis dahin zu keinem größeren Zusammengang im Hypothekenbankgewerbe kam. Die Konzentrationsprozesse erfüllten aber die Rationalisierungsbestrebungen der beteiligten Banken, ohne eine verbindliche Verschmelzung eingehen zu müssen. Festgehalten werden kann jedenfalls, dass die Bildung von Interessengemeinschaften zu dieser Zeit noch Fusionen vorgezogen wurde.

Irrlichter einer vorübergehenden Erholung

Staatliche Maßnahmen gegen die Inflation ließen lange auf sich warten, und entsprechend lange dauerte die Stabilisierung der Währung. Am 15. Oktober 1923 wurde mit der Deutschen Rentenbank ein vom Staat unabhängiges öffentlich-rechtliches Kreditinstitut gegründet, das 3,2 Mio. Rentenmark ausgab. Dieses Geld war theoretisch vom deutschen Gewerbe und der deutschen Landwirtschaft hypothekarisch abgesichert. Zum 1. Januar 1924 wurden die Pfandbriefe auf Goldbasis, Ende 1924 Rentenmark und die noch im Umlauf befindliche Mark auf Reichsmark umgestellt. Letzter Schritt war das Aufwertungsgesetz für Pfandbriefe und Hypotheken vom 16. Juli 1925. Die Jahre der »goldenen« Zwanziger konnten beginnen.

Am 25. Oktober 1929 fand die rasende Aufholjagd nach Geld und Lebensglück ein jähes Ende: der schwarze Freitag, der große Börsenkrach in New York, die fehlende Gegensteuerung von staatlicher Seite, die aus dem Crash eine herannahende »Great

PFÄLZISCHE HYPOTHEKENBANK

GRÜNDUNGSJAHR:	**1886**
GRÜNDUNGSORT:	**Ludwigshafen am Rhein**
GRÜNDUNGSMITGLIEDER:	**Emil Friedrich Bassemann-Jordan, Deidesheim** **Karl Karcher, Kaiserslautern** **Dr. Albert Bürklin, Wachenheim** **Dr. Armand Buhl, Deidesheim** **Dr. August Clemm, Mannheim** **Dr. Ferdinand Knecht, Neustadt a. d. Haardt** **Friedrich August Mahla, Landau** **Carl Reiß, Mannheim**
ERSTE VORSTANDSMITGLIEDER:	**Dr. Felix Hecht** **Ottmar Müller** **Carl Reiß**
ERSTER AUFSICHTRATSVORSITZENDER:	**Dr. August von Clemm**

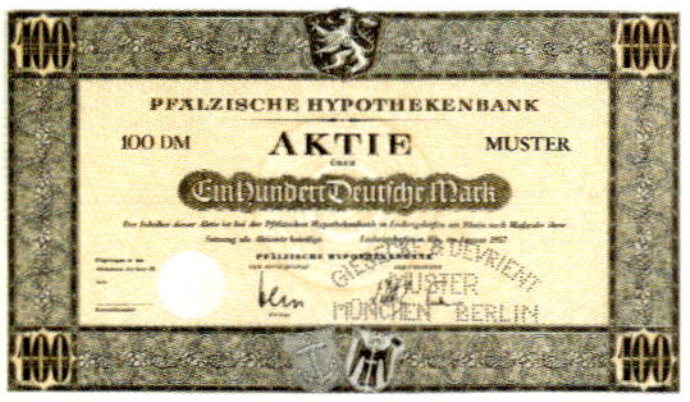

Bei der Gründung der Pfälzischen Hypothekenbank 1886 wurde ein besonderes Abkommen mit der benachbarten Rheinischen Hypothekenbank getroffen. Die beiden Vorstandsmitglieder Dr. Felix Hecht und Carl Reiß waren gleichzeitig im Vorstand der »Rheinhyp« vertreten. Darüber hinaus verfügten beide Institute jeweils über ein eigenes Vorstandsmitglied. Der Aufsichtsrat der beiden Banken war nahezu identisch. Außer dieser engen personellen Verbindung sah das Abkommen vor, dass sie sich verpflichteten, im Bundesland, in dem die andere Bank tätig war, keine Darlehensgeschäfte zu tätigen.

Diese außergewöhnliche Regelung zweier privater Hypothekenbanken wurde seit 1901, im Zuge der vom Hypothekenbankgesetz zugesicherten Gebietsausweitung auf das gesamte Bundesgebiet, allmählich aufgegeben.

Zudem kann angemerkt werden, dass die Pfälzische Hypothekenbank in ihrer Geschichte bis 1985 eine ungewöhnliche personelle Kontinuität aufweist. In 100 Jahren ihres Bestehens wurden lediglich 15 Vorstandsmitglieder berufen.

WESTDEUTSCHE BODENKREDITANSTALT

GRÜNDUNGSJAHR:	**1893**
GRÜNDUNGSORT:	**Köln**
GRÜNDUNGSMITGLIEDER:	**Bergisch-Märkische Bank, Elberfeld** **Deutsche Bank, Berlin** **Berliner Handelsgesellschaft, Berlin** **Heydt-Kersten & Söhne, Elberfeld** **Kommerzienrat Gebhard, Berlin**
ERSTE VORSTANDSMITGLIEDER:	**Dr. Hans Jordan (Vorsitzender)** **Dr. Johannes von Buengner** **Ferdinand Zimmermann**
ERSTER AUFSICHTRATSVORSITZENDER:	**Walther Simons**

4% April October 5000 M.
WESTDEUTSCHE
BODENKREDITANSTALT
KÖLN
Ser. I. Lit. A. 4%
Hypothekenpfandbrief
Westdeutschen Bodenkreditanstalt
FÜNFTAUSEND MARK
Fünftausend Mark
Westdeutsche Bodenkreditanstalt.
Der Delegirte des Aufsichtsraths

Ein besonderes Augenmerk scheint die »Westdeutsche Bodenkreditanstalt« im Laufe ihrer Geschichte auf das Betriebsklima gelegt zu haben.

So schrieb Dr. Eduard Christ, langjährige Vorstandmitglied (1935-1956), in einer 1961 erschienenen Monographie zur »Westboden« über das besondere Betriebsklima:

»Es ist leider so, dass der geschäftliche Mensch oft keinen Zugang zu den Gedanken findet, die ausserhalb der Tagesaufgaben seines Berufslebens liegen. Aber gerade heute wird ein nüchtern denkender Kaufmann die Bedeutung des guten oder schlechten Geistes, der in einem Unternehmen zu finden ist, würdigen. Der gute Geist, das gute Betriebsklima, sind ein Hauptgarant eines guten Erfolges. Man kann diesen Geist nicht kommandieren, ebenso wenig wie man Autorität kommandieren kann. Der gute Geist muss vorgelebt sein von der Leitung. Wenn Leitung und alle Mitarbeiter in ihrer Arbeit neben dem eigenen Vorteil nicht den Vorteil des Ganzen ausser acht lassen, sondern das Bewusstsein haben, dass ein gemeinsames Band alle umschliesst, dann nimmt der Betriebsgeist auf der Aktivseite der Bilanz einen hervorragenden Platz ein.«

Depression« machte und zuließ, dass sich das Platzen einer Aktienblase zur Weltwirtschaftskrise auswachsen konnte. Vor diesem Hintergrund beschleunigte sich in Deutschland unter anderem die Konzentration im Hypothekenbanksektor. Von rund 40 Instituten am Vorabend des Ersten Weltkrieges waren 1930 noch 26 übrig. Mit voller Wucht schlug die Depression aber erst im folgenden Jahr über der Branche zusammen. Deutschland, vom Krieg geschwächt und zu hohen Reparationszahlungen verpflichtet, musste immer kurzfristigere Auslandskredite aufnehmen – bis es nicht mehr ging. Am 11. Mai 1931 stellte die renommierte Rothschild-Bank die Zahlungen ein, verprellte damit ausländische Investoren und löste eine Bankenkrise aus.

Der Staat hoffte, die Krise mit einer strikten Deflationspolitik zu bewältigen. Die Großbanken verloren dadurch beinah vollständig ihre Unabhängigkeit. Die Börsen wurde im Sommer 1931 geschlossen, auch der Rentenhandel: Auf diese Weise wurden die Zinsen künstlich niedrig gehalten. Der Absatz der Pfandbriefe, also auch das Darlehensgeschäft der Banken stockte. An Neuemissionen war nicht zu denken, bestehende Darlehen durften aufgrund einer Notverordnung Ende 1931 mit Pfandbriefen getilgt werden. Dieses Instrument, genannt »Natura-Tilgung«, wird immer wieder, zuletzt in den 1970er Jahren, als Krisenallheilmittel angepriesen. Aber die Hypothekenbanken wiesen schon damals zu Recht darauf hin, dass sich die Kreditgewährung in bar aus guten Gründen durchgesetzt habe und ihnen mit der »Natura-Tilgung« jedes Mittel zur Kurspflege aus der Hand genommen werde.

Dann brach auch noch aufgrund der Finanznot der Gemeinden das Kommunalgeschäft zusammen. Branchenintern ging die Angst vorm »Ende des Kommunalkredits« um, angesichts der 1,5 Mrd. Reichsmark, die Städte und Gemeindeverbände an kurzfristigen Schulden aufgehäuft hatten, kein ganz unrealistischer Gedanke. Am 21. September 1933 wurde das »Gemeindeumschuldungsgesetz« erlassen, wodurch kurzfristige Kommunalkredite in langfristige Tildungsdarlehen umgewandelt und dieser Geschäftszweig vor dem vorzeitigen Untergang bewahrt wurde.

Bedeutungsverlust des Realkredits im Nationalsozialismus

Die NS-Zeit war für die Hypothekenbanken – natürlich nicht nur für sie – keine gute Zeit. Zwar rettete das eben erwähnte »Gemeindeumschuldungsgesetz« das Geschäft mit den Kommunalkrediten, zwar stimulierten Kreditausweitung, Arbeitsbeschaffungsprogramme und Aufrüstung eine so nur relative Konjunktur, aber das ermöglichte den Hypothekenbanken einzig und allein, Zinsrückstände abzubauen. Am Wohnungsbau ging der Aufschwung vorbei, nicht zuletzt wegen der weiteren Verschärfung des Mietrechts und weiterer Eingriffe der nationalsozialistischen Verwaltungspolitik.

Ab 1936 wurden Produktionsfaktoren und Kapital mit Vierteljahresplänen gezielt in die Rüstung und die öffentlichen Haushalte umgelenkt, und ab dem 12. August 1938 sorgte der »Hypothekensperrerlass« dafür, dass nur noch »staatswichtige Zwecke« die Gewährung von Hypothekarkrediten rechtfertigten. Das Geschäftsfeld der Hypothekenbanken wurde durch Eingriffe des Staates immer weiter beschnitten. Der Bedeutungsverlust im Vergleich zu anderen Bankengruppen spiegelt sich in den Zahlen. Nur noch ein Bruchteil der Erlöse aus Wertpapieremissionen entfielen auf Pfandbriefe und Kommunalobligationen (1,45 Mrd. von insgesamt 28,2 Mrd. Reichsmark im Zeitraum 1934–45). Diese Zahlen dokumentieren den Bedeutungsverlust, den der Realkredit bis 1945 im Gegensatz zu anderen Bankengruppen erlitt.

Die Nationalsozialisten hatten auf Kosten der Menschen und der Wirtschaft ihre aggressiven, kriegspolitischen Ziele verfolgt. Seit der so genannten Machtergreifung betrieb die Regierung unter Hitler eine rücksichtslose Kreditschöpfungspolitik und erkaufte die kurzfristige Konjunkturbelebung mit einer hohen Staatsverschuldung: 240 Mrd. Reichsmark waren es am Ende des Krieges und die Gegenwerte fast vollständig zerstört. 1945 war das Deutsche Reich bankrott – buchstäblich wie im übertragenen Sinn.

Ein neuer Anfang – Wiederaufbau

Mit dem Reich war auch das Geldsystem zum zweiten Mal innerhalb einer Generation vollständig zerstört. Zerstört waren viele Grundstücke, die als Sicherheit für Kredite gedient hatten, Reisen oder Überweisungen zwischen den Besatzungszonen mühsam bis unmöglich: Die Hypothekenbanken litten vor allem unter dem beeinträchtigten Zinseingang und darunter, dass Pfandbriefe und Obligationen kaum bedient werden konnten. Zudem wiederholte sich die Rückzahlung von Darlehen mit wertlosem Geld, die ihnen schon während der Inflationsjahre zu Begin der 1920er Jahre beinah den wirtschaftlichen Boden entzogen hatte, und wieder steuerten die politisch Verantwortlichen nicht gegen. Im Gegenteil, auch die Besatzungsmächte forcierten den Vorgang getreu dem Grundsatz: »Mark ist gleich Mark«. Unter diesen Umständen war eine Kapitalbildung für die Hypothekenbanken nahezu unmöglich, und es regten sich Zweifel, ob sich die Institute überhaupt wieder gründen sollten. Diese Frage wurde in der sowjetischen Besatzungszone auf höchster Ebene entschieden: Am 4. März 1946 wurden dort alle Institute geschlossen und enteignet.

Währungsreform

Mit der Währungsreform wurde alles anders. Im Nachhinein und im kollektiven Gedächtnis der Deutschen wurde am 20. Juni 1948 der Grundstein für das »Wirtschaftwunder« gelegt. Aber dass man für die an jeden Bürger ausgezahlten 40 DM scheinbar über Nacht wieder alles kaufen konnte, zeigt, dass der Aufschwung schon vorher begonnen hatte. Die für alle sichtbare Funktionsunfähigkeit der Reichsmark hatte die Investitionsbereitschaft und alle handelnden Kräfte gebunden, sie wurden aber bereits von der Ankündigung der Reform entfesselt. Die Reform selbst war von Anfang an keine reine Währungs-, sondern auch und eigentlich vor allem eine Wirtschaftsreform. Die Preisbildung sollte wieder zum zentralen ökonomischen Steuerungsmechanismus werden. So konzentrierte sich die gesamte Politik der am 24. Mai 1949 gegründeten Bundesrepublik auf diese Frage.

Die Hypothekenbanken hatten sich allerdings mehr von der Währungsreform versprochen. Ihre Produkte – Hypotheken und Pfandbriefe – wurden allen anderen Geldforderungen gleichgestellt und mit 1:10 umgetauscht. Ein Umstand, der sie mit Blick auf das inflationär aufgeblähte Bilanzvolumen der großen Geschäftsbanken deutlich benachteiligte. Das erschütterte das Vertrauen der Anleger in den Rentenmarkt und das Pfandbriefsystem. Der Darlehensbestand aller privaten Hypothekenbanken schrumpfte auf 500 Mio. DM. Um die Branche wurde es still, Neugeschäft fiel für sie kaum an: Der Wohnungsbau hatte in den zerbombten Städten eine Dimension, dass er zunächst von zentralen Kapitalsammelstellen finanziert werden musste, vor allem von den Rentenkassen. Von 12 Mio. Wohnungen, die es vor dem Krieg in Westdeutschland gegeben hatte, waren 2,7 Mio. zerstört und weitere 2,3 Mio. beschädigt. Außerdem mussten 11 Mio. Flüchtlinge aus den östlichen Teilen des untergegangenen »Dritten Reiches« untergebracht werden.

1952 trat dann das »1. Kapitalmarktförderungsgesetz« in Kraft und mit ihm die Steuerbefreiung für Zinsen auf »Sozialpfandbriefe«. Diese Papiere mussten zu 90 % dem sozialen Wohnungsbau zugute kommen und wurden bis Ende 1954 mit wachsendem Erfolg an institutionelle Anleger wie Privatpersonen verkauft. Das belebte nicht nur die Geschäftstätigkeit der Hypothekenbanken, es führte auch zu hohen Investitionen in bezahlbaren Wohnraum. Gerade vermögende Sparer und Kreditinstitute schätzten die sichere, renditestabile Anlageform.

Damit wurde klar, dass die Hypothekenbanken maßgeblich zum Wiederaufbau beitragen konnten. Die öffentliche Hand war in wachsendem Maß bestrebt, sie in die Erneuerung der Städte einzubeziehen, und die wachsende Leistungskraft des Rentenmarktes verschaffte ihnen die nötigen finanziellen Ressourcen. 1955, als das »1. Kapitalmarktförderungsgesetz« auslief, übernahmen die privaten Hypothekenbanken von 10 Mrd. DM, die in diesem Jahr insgesamt für den Wohnungsbau eingesetzt wurden, bereits 1,1 Mrd. DM (1950 waren es erst 283 Mio.). Insgesamt finanzierte die private Kreditwirtschaft den Wohnungsbau – der sozialpolitisch vordringlichsten Aufgabe – zu 48 %. Angesichts des hohen finanziellen Potenzials der öffentlichen Hand ist das ausgesprochen viel.

Wachstum, Konsolidierung und Konzentration

Das »Wirtschaftswunder« hatte die Gesellschaft verändert. Der Strukturwandel spiegelt sich unter anderem in der Zahl der in der Landwirtschaft beschäftigten Menschen wider: Sie sank zwischen 1949 und 1975 um 75 %. Die Reallöhne waren stark gewachsen und der Wohlstand eröffnete neue Verteilungsspielräume. Aus der neoliberal geprägten Politik der bundesrepublikanischen Anfangsjahre wurde zunehmend eine sozial orientierte, der Anteil der Sozialausgaben am Volkseinkommen verdoppelte sich zwischen 1949 und 1960 beinahe.

Die ausklingenden 1950er und beginnenden 1960er Jahre waren eine Phase relativer Ruhe und Stabilität. Der Rentenmarkt erreichte mit 6 %igen Emissionen sein Gleichgewicht. Wirtschaftswachstum, Geldwert und Wirtschaftspolitik passten zusammen und waren gut austariert. Mit der 5. Novellierung des HBG, im Bundestag am 14. Januar 1963 verabschiedet, wurde das »Spezialprinzip« der Hypothekenbanken fortgeführt, obwohl es angesichts der freien Marktwirtschaft als unzeitgemäß erschien. Die Institute selbst hätten damals sicher eine andere Lösung bevorzugt, weil sie sich davon eine Ausweitung ihrer Geschäftstätigkeit versprachen. Faktisch wären sie wohl damals schon von den großen Geschäftsbanken, ihren Hauptaktionären, übernommen worden. Das »5. Gesetz zur Änderung und Ergänzung des Hypothekenbankgesetzes« hat insofern eine vorzeitige und neuerliche Konzentrationswelle im Bankgewerbe verhindert.

Die Rezession 1966/1967

Weniger segensreich wirkte sich das »Kapitalverkehrsteuergesetz« aus, mit dem am 25. März 1965 die sog. Kuponsteuer eingeführt wurde. Die Absicht war ehrenwert: Man wollte die hohen spekulativen Summen eindämmen, mit denen vor allem institutionelle ausländische Investoren die Konjunktur der BRD zu überhitzen drohten. Die Folge war kurz und heftig: Der Absatz an festverzinslichen Wertpapieren halbierte sich beinah, ging von 16,9 Mrd. DM 1964 auf 9,4 Mrd. DM 1966 zurück und zwang die Emittenten zu 8 %igen Anleihen. Die Besitzer der alten 6-Prozenter mussten daraufhin Kursverluste bis zu 80 % verkraften. Es war ein Schock, vor allem für die privaten Sparer.

Außerdem zeigten die Wohnungsprogramme so durchschlagenden Erfolg, dass sich bei Mieten und Immobilienpreisen erste Sättigungstendenzen bemerkbar machten. Dieser Aspekt spielte bei der Rezession 1966/67 eine wichtige Rolle. Es ging so weit, dass Branchenkenner einen Rückgang der Bautätigkeit bis auf das Vorkriegsniveau erwarteten.

Doch noch war das alles nicht mehr als ein bisschen Sand im Getriebe. Das »Wirtschaftswunder« legte eine kurze Pause ein und startete danach wieder durch: Ab 1968 setzte die konjunkturelle Erholung ein und mit ihr stieg der Umlaufwert von Pfandbriefen und Kommunalobligationen auf neue Rekordhöhen. Der Rentenmarkt erholte sich aus eigener Kraft und strafte alle Unkenrufer Lügen, die das Gespenst einer neuerlichen Wirtschaftskrise umgehen sahen. Ein neuerlicher Gang in die Katastrophe, wie am Ende der »Weimarer Republik«, war nicht zu erwarten.

Anstieg des Kommunalkreditgeschäfts

Auch die von Branchenkennern geäußerte Erwartung, dass sich die Bautätigkeit bald auf Vorkriegsniveau einpendeln würde, erwies sich als falsch. 1973 wurden 714.000 Wohnungen fertig gestellt, die höchste Zahl in der Nachkriegszeit und am Bedarf vorbei, denn gleichzeitig standen 400.000 Objekte leer. Die Baukonjunktur brach zusammen und die Banken konnten nicht mehr im gewohnten Umfang Hypotheken verkaufen.

Dafür sprudelte eine andere Quelle so üppig, dass sie den Rückgang des Hypothekengeschäfts überkompensierte: Kommunen und Staat lebten frei nach Keynes immer ungenierter »auf Pump« (zwischen 1970 und 1980 stieg allein die Staatsverschuldung um 372 %!). Der Geldbedarf öffentlicher Haushalte stieg sprunghaft an und Kommunen und Staat befriedigten ihn zunehmend über Bankkredite. Der Gesetzgeber reagierte, indem er mehrfach die Umlaufgrenze für Kommunalschuldverschreibungen anhob und 1974 im »HBG-Änderungsgesetz« das Kommunalkreditgeschäft vom Neben- zum zweiten Hauptgeschäft der Hypothekenbanken erhob. Doch die Hypothekenbanken konnten sich auf Gemeindeebene gegenüber Geschäftsbanken, Sparkassen und Genossenschaftsinstituten nicht recht durchsetzen und konzentrierten sich daher eher auf die Kreditvergabe an Bund und Länder. Die HBG-Novelle gestattete den Hypothekenbanken zudem die Gewährung von nachstelligen Hypotheken und grenzüberschreitenden Krediten. Die Zeichen standen damit auf Expansion, ohne die Spezialisierung des Geschäftsbereiches aufzugeben.

»Entschachtelung« in den 1970er Jahren

Anfang der 70er Jahre kam das »Karussell« der Verschmelzungen und Übernahmen in Schwung. 1968 gab es 21 Hypothekenbanken. Davon war nur eine unabhängig, an 13 bestanden Beteiligungen von mindestens 25 % und an sieben Hypothekenbanken Beteiligungen von über 50 %. In 17 Fällen waren es die Großbanken, die Anteile von über 25 % hielten. Aber noch war keine Großbank Mehrheitsaktionär einer Hypothekenbank.

Dann entschlossen sich die Großbanken 1970 zum Austausch ihrer Schachtelbeteiligungen (in der späteren Konzentrationswelle 2001/2002 entstand aus diesen Hypothekenbanken schließlich die EUROHYPO). Die Commerzbank erwarb die Aktienmehrheit an der Rheinischen Hypothekenbank und machte das Institut 1971, hundert Jahre nach seiner Gründung in Mannheim, zu einem 100 %igen Tochterunternehmen. Für diesen Vorgang brauchte sie bei der Westdeutschen Bodenkreditanstalt etwas mehr Zeit, das Kölner Institut wurde 1974 mit der Rheinhyp verschmolzen, deren Sitz ab 1975 am Main lag: in Frankfurt, das sich in dieser Zeit endgültig zur Bankenmetropole mauserte und anfing, sich mit den »Wolkenkratzern« der Finanzdienstleister zu schmücken.

Im Gegenzug erhielt die Deutsche Bank die Mehrheit an der Deutschen Centralbodenkredit-Aktiengesellschaft, Frankfurter Hypothekenbank und Lübecker Hypothekenbank und die Dresdner Bank sicherte sich die Mehrheit an der Deutschen Hypothekenbank (Meiningen), der Hypothekenbank in Hamburg AG, der Pfälzischen Hypothekenbank, der Sächsischen Bodenkreditanstalt und der Norddeutschen Hypotheken- und Wechselbank (ehemals die Mecklenburgische, von der weiter oben schon die Rede war).

Die Mehrheitsbeteiligungen schlugen sich in der Regel nicht sofort in Verschmelzungen nieder, zum Jahreswechsel 72/73 ging die »Sachsenboden« in der »Deutschen Hyp« auf, zur Verschmelzung mit der Pfälzischen Hypothekenbank kam es jedoch erst 1990. Verschmelzungen mit den Müttern, also die vollständige Einverleibung, hätte wegen des gesetzlich vorgeschriebenen Spezialprinzips den Verlust des Pfandbriefprivilegs bedeutet, und fanden deswegen nicht statt. Der Branche war durchaus bewusst, welchen Schatz ihr der »deutsche Sonderweg« hier eintrug: Die Beschränkung auf Geschäfte mit Immobilien und dem Staat, damit einhergehend auch die später so viel beschworene Beschränkung auf Kernkompetenzen, sorgte so effektiv für die Sicherheit der Pfandbriefe, dass die internationalen Agenturen deutsche Hypothekenbanken mit einem exzellenten Rating bedachten und ihnen damit hervorragende Refinanzierungsmöglichkeiten am internationalen Kapitalmarkt bescherten. Nicht wenige Staaten in West- und Osteuropa orientierten ihr Hypothekenbanksystem deshalb am deutschen Muster.

Anders als in den 20er Jahren war diese »Flurbereinigung« nicht einer Krise geschuldet, sondern dem Wachstum des Marktes. Strategische Überlegungen schickten die überkommene Unternehmenskultur und mit ihr nicht mehr zeitgemäße Namen wie die »Bodencreditanstalt« in den Ruhestand, Synergieeffekte sollten ausgeschöpft, »Finanzierungen aus einer Hand« angeboten werden: Zinsvariable und zinskonstante Darlehen etwa, refinanziert von den Hypothekenbanktöchtern. Diese wiederum konnten über das Zweigstellennetz der Mutter ihre Schuldverschreibungen effektiver an den privaten Sparer bringen.

Die große Talfahrt

»Talfahrt der Wirtschaft« war das Wort des Jahres 1982, gekürt von der »Gesellschaft für Deutsche Sprache« als Ausdruck für das allgemeine Empfinden, dass es seit Jahren nur noch bergab gehe. Grund war ein mehrdimensionaler, anhaltender Strukturwandel: Der sog. tertiäre Sektor, die Dienstleistungen, wuchs, der sekundäre war tatsächlich auf dem absteigenden Ast, aber die Politik wollte die De-Industrialisierung nicht wahrhaben und setzte nach wie vor auf das produzierende Gewerbe als Kern bundesdeutscher Ökonomie. Zudem trieb die massiv gestiegene Staatsverschuldung die Zinsen und die Inflation in die Höhe. Am schlimmsten aber war die Arbeitslosigkeit, vor allem die Dauerarbeitslosigkeit, ein Phänomen, das nach Jahren der Vollbeschäftigung und der Anwerbung von Arbeitskräften aus dem Ausland die Menschen verstörte.

Die »Grenzen des Wachstums« schienen erreicht, Umsteuerung tat not. Der Konzentrationsprozess, der in den 70er Jahren im Bankwesen eingesetzt hatte, setzte sich in den 80ern fort. Motor war aber nicht mehr

LÜBECKER HYPOTHEKENBANK

GRÜNDUNGSJAHR:	**1927**
GRÜNDUNGSORT:	**Lübeck**
GRÜNDUNGSMITGLIEDER:	**Lübeckische Kreditanstalt** **Commerzbank in Lübeck** **Hermann Gustav Solterfoht** **Konsul Ernst Boie** **Max Buchwald**
ERSTES VORSTANDSMITGLIED:	**Paul Nusse**
ERSTER AUFSICHTRATSVORSITZENDER:	**Dr. Georg Kalkbrenner**

Mit der Überschrift »Lübeck und Mecklenburg sind wieder Partner« beginnt der Geschäftsbericht der Lübecker Hypothekenbank von 1990. Fast 50 Jahre deutsche Teilung hatten die vormals regen geschäftlichen Beziehungen zwischen der alten Hansestadt Lübeck und der Mecklenburgischen Region zerstört. Wie in vielen anderen Orten Deutschlands, wurde die Spaltung hier besonders deutlich.

Nach der »Wende« vom 3. Oktober 1990 konnten die alten Verbindungen der Lübecker Hypothekenbank in das nun neue Bundesland »Mecklenburg-Vorpommern« reaktiviert werden und dort einen nachhaltigen Beitrag zur Modernisierung des Hypothekenbestandes leisten.

SÄCHSISCHE BODENCREDITANSTALT

GRÜNDUNGSJAHR:	**1895**
GRÜNDUNGSORT:	**Dresden**
GRÜNDUNGSMITGLIED:	**Dresdner Bank AG, Dresden**
ERSTE VORSTANDSMITGLIEDER:	**Feodor Lange** **Armin Baltzer**
ERSTER AUFSICHTRATSVORSITZENDER:	**Theodor Hultzsch**

Die Sächsische Bodencreditanstalt ist unter maßgeblicher Beteiligung der Dresdner Bank 1895 gegründet worden.

1930 übernahm sie die 1863 errichtete Leipziger Hypothekenbank. Nachdem sie ihre Geschäftstätigkeit 1945 aufgeben musste, verlegte sie ihren Sitz 1949 zunächst nach Berlin.

Erst 1959 wurde die Sächsische Bodencreditanstalt in der Bundesrepublik zum Neugeschäft zugelassen und verlegte ein Jahr später den Sitz ihrer Verwaltung von Köln nach Frankfurt am Main.

1971 übernahm die Dresdner Bank die Aktienmehrheit der Bank und verschmolz sie 1972 mit der Deutschen Hypothekenbank.

ein Wachstumsmarkt, sondern der wachsende Konkurrenzdruck. Sparkassen, Landesbanken und Genossenschaften drängten in das Feld der Hypothekar- und Kommunalkredite und gleichzeitig drosselten Bund, Länder und Gemeinden ihre Ausgaben oder versuchten sich wenigstens an einem Sparkurs. Beides schmälerte Margen und Rendite. Die Institute steuerten mit der Finanzierung gewerblich genutzter Objekte gegen und streckten ihre Fühler Richtung europäischen Binnenmarkt aus.

Zweite Konzentrationswelle

Jetzt fassten die Großbanken ihre Hypothekentöchter jeweils unter einem Dach zusammen, um die Rentabilität durch Einsparungen und die Zusammenlegung gleicher Funktionsbereiche zu steigern. Den Anfang machte die Dresdner Bank, die die Pfälzische Hypothekenbank zum 1. Januar 1990 in der Deutschen Hypothekenbank aufgehen ließ. 1995 zog die Deutsche Bank nach und gründete aus Deutscher Centralboden-kredit-AG, Frankfurter Hypothekenbank und (über einen Beherrschungsvertrag ohne Gewinnabführung) Lübecker Hypothekenbank AG die Eurohypo Europäische Hypothekenbank der Deutschen Bank AG (»Eurohypo alt«)

Der Impuls zur Fusionierung ging hauptsächlich von den Muttergesellschaften aus. Aber die Protokolle der Konsortial-Sitzungen belegen, dass die Verantwortlichen in den Tochterinstituten ebenfalls auf Kostensenkungen durch Zusammenlegung pochten Aus den Geschäftsberichten geht hervor, dass sie ihre Verantwortungsbereiche sukzessive zugunsten der Konzernmütter funktional, arbeits- und somit personalsparend umstrukturierten. Nicht zuletzt bewahrten sie sich so gegenüber der beherrschenden Gesellschaft eine relative Eigenständigkeit in zentralen Tätigkeitsfeldern. Das gilt vor allem für das Emissionsgeschäft. An den Finanzmärkten der Welt operierten sie als eigenständige Unternehmen, während sie intern gleichzeitig die Kooperationsmöglichkeiten auf Konzernebene nutzten, um Finanzdienstleistungen »rund um die Immobilie« anzubieten.

Die Deutsche Einheit

Ende der 80er Jahre leitete die Auflösung des Ostblocks eine neuerliche Epochenwende ein. Die politischen und nationalen Karten wurden weltweit neu gemischt, in Deutschland waren die Veränderungen durch den Fall der Mauer und die Öffnung der innerdeutschen Grenze besonders dramatisch. Die Unterschrift unter den Einigungsvertrag am 31. August 1990 besiegelte den Beitritt der fünf »neuen Länder« zur Bundesrepublik Deutschland, die seither ihren bundesrepublikanischen Vornamen kaum noch benutzt.

Da es in der DDR weder Hypothekenbanken noch sozialen Wohnungsbau gegeben hatte, eröffnete sich den westdeutschen Spezialinstituten ein reiches Betätigungsfeld. Die marode Bausubstanz von Ostberlin über Leipzig und Dresden bis nach Rostock und darüber hinaus schrie förmlich nach Sanierung oder Abriss und Neubau. Hohe staatliche Subventionen, die sich bald als Fehlallokationen herausstellten, erleichterten Bauherren zunächst das Wagnis. Jedoch stellte sich bald heraus, dass sie ein hohes Risiko eingegangen waren und die Allimentierung von Seiten des Staates sie zu grenzenlosen Investitionen beflügelte. Für die Hypothekenbanken, die dieser Dynamik folgten und immer weitreichendere Kredite vergaben, hatte es nachhaltige und langfristige Folgen.

Parallel zur deutschen Einigung liefen die Verhandlungen in Maastricht und damit zur europäischen Einigung. Der am 7. Februar 1992 in dem holländischen Städtchen unterzeichnete Vertrag ist das Gründungsdokument der Europäischen Union, das die Mitgliedstaaten zu einem einzigen Inland erklärt. Die »Allgemeinheit der europäischen Zivilisation« und damit die Verwirklichung der europäischen Integration, die schon Heinrich Heine im frühen 19. Jahrhundert beschworen hatte, war ein gutes Stück näher gerückt.

Auch für die Hypothekenbanken hatten sich damit gewissermaßen die letzten Schlagbäume gehoben, das vereinte Europa bot ihnen die Möglichkeit, ihre Geschäfte auszuweiten. Allerdings erfuhr die historisch bedingte Chance eine Einschränkung durch das als zu eng empfundene Hypothekenbankgesetz. Die Branche diskutierte verstärkt seit der Wiedervereinigung eine größere Novellierung dieses Gesetzes.

Auf die Expansion bereiteten sich die Banken wiederum mit Konzentrationen vor – die Gründung der »Eurohypo alt« durch die Deutsche Bank 1995 gehört bereits in diesen Zusammenhang. 1998 nutzte die Dresdner Bank das so genannte »Gemischtbank-Privileg« einer ihrer Töchter, der Norddeutschen Hypotheken- und Wechselbank AG, verschmolz die anderen Hypothekentöchter mit ihr und konnte das Privileg so auf alle übertragen. Dank des Privilegs wurde die kleinste der Töchter zum führenden Institut innerhalb des neuen Unternehmens, den Namen bekam es allerdings von der ältesten Dresdner Bank-Tochter: der »Deutschen Hyp«. Sie wurde nicht zuletzt dank ihres beträchtlich erweiterten Handlungsspielraums schnell ein Schwergewicht und nahm bereits im Jahre 2001, drei Jahre nach seiner Gründung, mit einer Bilanzsumme von 85,1 Mrd. € den dritten Rang innerhalb der Branche ein.

Deutsche Hypothekenbanken auf europäischer Bühne. Von den letzten Verschmelzungen zur Gründung der EUROHYPO

Doch es war mühsamer als gehofft, 40 Jahre DDR und eine volkswirtschaftliche Herkulesaufgabe ohne Vorbild zu bewältigen. Der ostdeutsche Immobiliensektor hatte mit massiven strukturellen Problemen zu kämpfen und erzwang beispiellose Risikovorsorgemaßnahmen.

Gesamtwirtschaftlich wurde dies dadurch deutlich, dass die durch die Transferleistungen in die neuen Bundesländer hervorgerufene Staatsverschuldung zwischen 1990 und 1994 von 43,7 % auf 53,5 % des Bruttoinlandprodukts stieg.

EUROHYPO AKTIENGESELLSCHAFT

EUROPÄISCHE HYPOTHEKENBANK DER DEUTSCHEN BANK (EUROHYPO ALT)

GRÜNDUNGSJAHR:	**1998**
GRÜNDUNGSORT:	**Frankfurt am Main**
GRÜNDUNGSMITGLIED:	**Deutsche Bank AG, Frankfurt/M.**
ERSTE VORSTANDSMITGLIEDER:	**Wolfgang H. Jordan** **Bernd Knobloch** **Joachim Plesser** **Dr. Gerd Koidl** **Dr. Thomas Veit** **Henning Sieh (ab 17. September 1998)** **Wilmar von Wentzky (ab 17. September 1998)**
ERSTER AUFSICHTRATSVORSITZENDER:	**Dr. Michael Endres (bis 25. Mai 1998)** **Carl L. von Boehm-Bezing (ab 25. Mai 1998)**

Am 12. Oktober 1998 (rückwirkend zum 1. Januar 1998) verschmolz die »Frankfurter Hypothekenbank Centralboden Aktiengesellschaft« als aufnehmende Gesellschaft und die ebenfalls zum Deutsche Bank-Konzern gehörende Lübecker Hypothekenbank zur neuen Eurohypo Aktiengesellschaft Europäisch Hypothekenbank der Deutschen Bank.

Schon 1995 war die Verschmelzung der Frankfurter Hypothekenbank und der Deutsche Centralbodenkredit-Aktiengesellschaft erfolgt.

DEUTSCHE HYP DEUTSCHE HYPOTHEKENBANK FRANKFURT-HAMBURG AG

GRÜNDUNGSJAHR	**1998**
GRÜNDUNGSORT:	**Frankfurt am Main**
GRÜNDUNGSMITGLIED:	**Dresdner Bank AG, Frankfurt/M.**
ERSTE VORSTANDSMITGLIEDER:	**Dr. Eberhard Schäfer (Sprecher)** **Wolfgang Ahr** **Hans-Wolf Bedorf** **Dr. Claus Leibrock** **Günter Rill** **Joachim Schöning** **Werner Schulz** **Dr. Wilfried Sohl** **Albrecht Wünschmann**
ERSTER AUFSICHTRATSVORSITZENDER:	**Bernhard Walter**

Durch die Verschmelzung der drei Hypothekenbanktöchter der Dresdner Bank, nämlich die Hypothekenbank in Hamburg, die Norddeutsche Hypotheken- und Wechselbank und die Deutsche Hypothekenbank Frankfurt AG, entstand am 7. August 1998 (rückwirkend zum 1. Januar 1998) die Deutsche Hyp Deutsche Hypothekenbank Frankfurt-Hamburg AG.

Die Verschmelzung erfolgte auf die Norddeutsche Hypotheken- und Wechselbank, um den Status einer »gemischten« Hypothekenbank wahren zu können.

Es wurde immer klarer, dass Größe allein keinen Erfolg garantierte. Der Markt war einfach zu eng für viele Institute, zumal die europäische Einigung nicht nur neue Geschäftsmöglichkeiten, sondern auch neue Konkurrenten auf den Plan gerufen hatte, Konkurrenten, die nicht den Beschränkungen des HBG unterlagen. Eine Folge: Der Marktanteil privater Hypothekenbanken an der inländischen Wohnungsfinanzierung sank zwischen 1999 und 2001 von 28,3 % auf 23,1 %. Einzelne Institute zogen die Konsequenzen: Die »Eurohypo alt« gab 1999, die »Deutsche Hyp« 2001 das Privatkundengeschäft komplett auf und konzentrierte sich auf Firmenkunden und internationale Engagements. Schon die viertgrößte Hypothekenbank, die Rheinhyp, hatte vor allem mit der Finanzierung ausländischer Gewerbeimmobilien ihren Ertrag gesteigert (Bilanzsumme 2001: 78,8 Mrd. €).

Die Branche musste sich auf der Produktseite etwas einfallen lassen und wertete das Passivgeschäft auf. Denn hier konnte sie international operierenden Investoren Alternativen bieten. Schon 1995 hatte die Frankfurter Hypothekenbank den »Jumbo-Pfandbrief« mit einem Mindestvolumen von heute 1 Mrd. € kreiert, ihre Rechtsnachfolgerin »Eurohypo alt« schuf den »Global«-Pfandbrief. Die großvolumigen Emissionen, die durch die elektronischen Handelssysteme möglich oder zumindest sehr erleichtert wurden, verbrieften zumeist Kredite an die öffentliche Hand und erhöhten die Liquidität der Pfandbriefe enorm. Die seit 22. Mai 2000 betriebene EuroCreditMTS hat so unter anderem die Transparenz des Geschäftsfelds deutlich verbessert.

Aber das Grundproblem blieb: Die Kostensteigerungen im Inland wurden durch Zuwächse im Ausland nicht ausgeglichen und der enge Markt führte zu einer fruchtlosen Konkurrenz, bei der sich die Institute eher behinderten, als zu neuen und besseren Leistungen anzustacheln. Schließlich trugen die Bemühungen der Banken zur Standardisierung innovativer Finanzdienstleistungsprodukte den sich schon vor Gründung der EUROHYPO abzeichnenden Wandel in der Immobilienfinanzierung Rechnung. Die drei Hypothekenbank-Vorgängerunternehmen zeigten so frühzeitig die Tendenz, durch die Bündelung von Kernkompetenzen auf strukturelle Veränderungen reagieren zu können. Vor allem das Immobilien-Investmentbanking stellte die Institute vor neue und bisher unbekannte Aufgaben. Die Branche löste diese Aufgaben auf ihre Weise: mit einem weiteren Konzentrationsschritt. Die Verantwortlichen in den drei Großbanken setzten sich zusammen und wagten einen Schritt, den man bisher nicht für möglich gehalten hätte: Sie stellten ihr Konkurrenzverhältnis hintan und bildeten aus ihren jeweiligen Hypothekentöchtern ein einziges Institut.

Seit Anfang 2001 wurde der Weg zur Gründung der EUROHYPO beschritten. Und das ist eine neue Geschichte…

DER WEG DER EUROHYPO AG

Deutsche Hyp
Deutsche Hypothekenbank Frankfurt-Hamburg AG

1862
Gründung der
Deutsche Hypothekenbank

1930
Übernahme der
Norddeutsche Grund-Credit-Bank

RHEINHYP

1871
Gründung der
Rheinische Hypotheken-Bank

1899
Erwerb der
Hannoversche Bodenkreditbank

1935
Übernahme der
Berliner Hypothekenb

Eurohypo

1862
Gründung der
Frankfurter Hypothekenbank

193
Übernahme der
Frankfurter Pfandbrief-Bank AG

1850 1860 1870 1880 1890 1900 1910 1920 1930

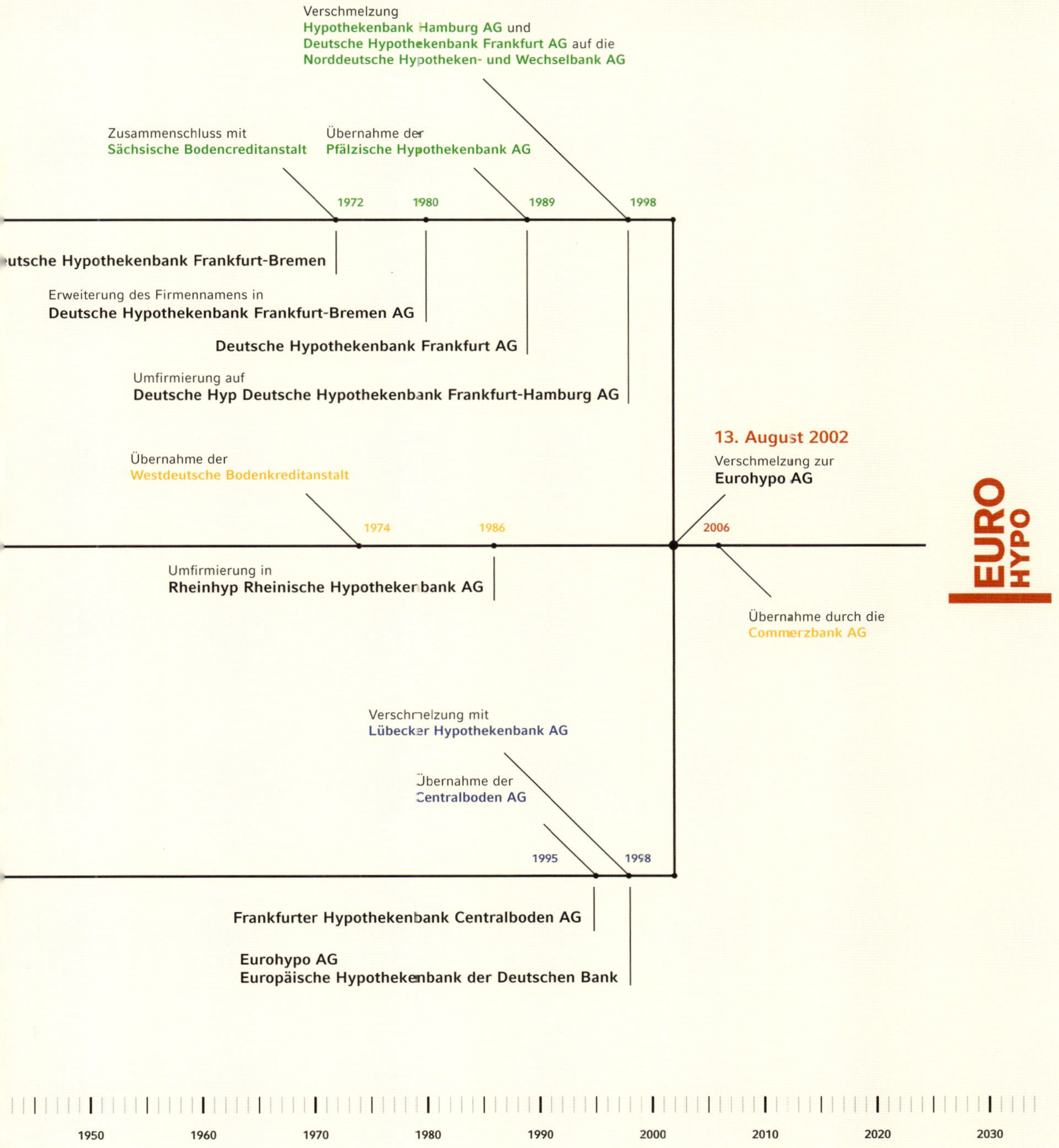
Verschmelzung
Hypothekenbank Hamburg AG und
Deutsche Hypothekenbank Frankfurt AG auf die
Norddeutsche Hypotheken- und Wechselbank AG
Zusammenschluss mit
Sächsische Bodencreditanstalt
Übernahme der
Pfälzische Hypothekenbank AG
1972
1980
1989
1998
utsche Hypothekenbank Frankfurt-Bremen
Erweiterung des Firmennamens in
Deutsche Hypothekenbank Frankfurt-Bremen AG
Deutsche Hypothekenbank Frankfurt AG
Umfirmierung auf
Deutsche Hyp Deutsche Hypothekenbank Frankfurt-Hamburg AG
13. August 2002
Verschmelzung zur
Eurohypo AG
Übernahme der
Westdeutsche Bodenkreditanstalt
1974
1986
2006
Umfirmierung in
Rheinhyp Rheinische Hypothekenbank AG
Übernahme durch die
Commerzbank AG
EURO
HYPO
Verschmelzung mit
Lübecker Hypothekenbank AG
Übernahme der
Centralboden AG
1995
1998
Frankfurter Hypothekenbank Centralboden AG
Eurohypo AG
Europäische Hypothekenbank der Deutschen Bank
1950
1960
1970
1980
1990
2000
2010
2020
2030

QUELLENVERZEICHNIS

ACHTERBERG, ERICH:
Hundert Jahre deutsche Hypothekenbank.
Frankfurt a.M. 1962.

BAEHRING, BERND:
Hundert Jahre Centralboden. Eine Hypothekenbank im Wandel der Zeiten.
1870–1970.
Frankfurt a.M. 1970.

BLISSE, HOLGER/REMDE, JÖRG:
Das Pfandbriefgesetz und die beiden ältesten deutschen Realkreditinstitute.
In: Zeitschrift für Bankengeschichte 1–2/2004.

DEUTSCHE HYPOTHEKENBANK FRANKFURT-BREMEN (HRSG.):
125 Jahre Deutsche Hypothekenbank Frankfurt-Bremen.
1862–1987, Deutsche Hypothekenbank:
Frankfurt a.M. 1987.

FLEISCHMANN, RUDOLF/ BELLINGER, DIETER/KERL, VOLKHER:
Hypothekenbankgesetz. Kommentar.
München. 1979.

FRANZ, STEFFAN (HRSG.):
Handbuch des Realkredits. Geschichte, Funktion, Recht, Praxis und Träger des deutschen Boden- und Schiffskredits.
Frankfurt a.M. 1963.

GOEDECKE, WOLFGANG/ KERL, VOLKHER/SCHOLZ, HELMUT:
Die deutschen Hypothekenbanken.
Pfandbrief – Realkredit – Kommunalkredit.
Frankfurt a.M. 1997.

GOEDECKE, WOLFGANG:
Realkredit: Perspektiven und Probleme.
Frankfurt a.M. 1973.

HECHT, FELIX:
Die Organisation des Bodenkredites in Deutschland.
Leipzig. 1903.

KLASS, GERT VON:
Im Spannungsfeld der Zeit.
100 Jahre Frankfurter Hypothekenbank.
Frankfurt a.M. 1962.

PAUL, EUGEN:
Pfandbriefinstitute, Rentenmarkt und Realkredit. Strukturwandlungen während der Nachkriegsperiode in der Bundesrepublik Deutschland.
Münster (Westf.). 1974.

REICHL, HERMANN:
Der Pfandbrief und sein Markt seit dem 2. Weltkrieg.
München. 1956.

VERBAND DEUTSCHER HYPOTHEKENBANKEN (HRSG.):
Der Pfandbrief.
Bonn. 1999.

VERBAND DEUTSCHER HYPOTHEKENBANKEN (HRSG.):
Zwischen Kapitalmarkt und Städtebau.
Hundert Jahre Verbandsgeschichte deutscher Hypothekenbanken.
Frankfurt a.M. 2002.

VERBAND DEUTSCHER PFANDBRIEFBANKEN (HRSG.):
Das Pfandbriefgesetz.
Gesetzestext und Materialien.
Frankfurt a.M. 2005.

VERBAND PRIVATER HYPOTHEKENBANKEN (HRSG.):
75 Jahre Verbandsgeschichte deutscher Hypothekenbanken.
Frankfurt a.M. 1978.

VEREIN FÜR SOZIALPOLITIK (HRSG.):
Die Störungen im deutschen Wirtschaftsleben während der Jahre 1900 ff.
Siebenter Band.
Leipzig. 1903.

TREUE, WILHELM:
Hypothekenbanken, ländlicher und städtischer Grundstücksverkehr gegen Ende des 19. Jahrhunderts.
In: Zeitschrift für Bankengeschichte 1/1975.

Eurohypo – Biografie einer Bank
Bernd Knobloch (Hrsg.)

ISBN 978-3-935647-98-4

Eurohypo AG
Helfmann-Park 5
65760 Eschborn
Telefon: 069. 2548-0

Text und Konzeption Eurohypo:
Gisela Brandhoff
Siegfried Guterman
Oliver Redenius

Konzeption und Gestaltung:
Hilger & Boie, Wiesbaden
www.hilger-boie.de

Druck und Auslieferung:
Universitätsdruckerei H. Schmidt
Robert-Koch-Straße 8
55129 Mainz
Telefon: 06131. 506054
Telefax: 06131. 506070

Printed in Germany